CONGREGACIÓN PAR

CONGREGACI

MW01515725

NORMAS BÁSICAS DE LA FORMACIÓN DE LOS DIÁCONOS PERMANENTES

DIRECTORIO PARA EL MINISTERIO Y LA VIDA DE LOS DIÁCONOS PERMANENTES

UNITED STATES CATHOLIC CONFERENCE
WASHINGTON, DC

Publicación No. 5-806
United States Catholic Conference
Washington, D.C.
ISBN 1-57455-806-4

Texto y formato son de
LIBRERIA EDITRICE VATICANA
Ciudad del Vaticano

Publicado en los Estados Unidos, julio de 1998

DECLARACIÓN CONJUNTA E INTRODUCCIÓN

NORMAS BÁSICAS
DE LA FORMACIÓN DE LOS DIÁCONOS PERMANENTES

DIRECTORIO PARA EL MINISTERIO Y LA VIDA DE LOS DIÁCONOS PERMANENTES

CONGREGACIÓN PARA LA EDUCACIÓN CATÓLICA

CONGREGACIÓN PARA EL CLERO

DECLARACIÓN CONJUNTA
E
INTRODUCCIÓN

DECLARACIÓN CONJUNTA

El Diaconado permanente, restablecido por el Concilio Vaticano II en armonía con la antigua Tradición y con los auspicios específicos del Concilio Tridentino, en estos últimos decenios ha conocido, en numerosos lugares, un fuerte impulso y ha producido frutos prometedores, en favor de la urgente obra misionera de la nueva evangelización. La Santa Sede y numerosos Episcopados no han cesado de ofrecer elementos normativos y puntos de referencia para la vida y la formación diaconal, favoreciendo una experiencia eclesial que, por su incremento, necesita hoy de unidad de enfoques, de ulteriores elementos clarificadores y, a nivel operativo, de estímulos y puntualizaciones pastorales. Es toda la realidad diaconal (visión doctrinal fundamental, consiguiente discernimiento vocacional y preparación, vida, ministerio, espiritualidad y formación permanente) la que postula hoy una revisión del camino recorrido hasta ahora, para alcanzar una clarificación global, indispensable para un nuevo impulso de este grado del Orden sagrado, en correspondencia con los deseos y las intenciones del Concilio Vaticano II.

Las Congregaciones para la Educación Católica y para el Clero, después de la publicación, respectivamente, de la *Ratio fundamentalis institutionis sacerdotalis* para la formación al sacerdocio y del *Directorio para el ministerio y la vida de los presbíteros*, han visto la necesidad de prestar especial atención a la temática del Diaconado Permanente, para completar el desarrollo de cuanto se refiere a los dos primeros grados del Orden sagrado, objeto de su competencia. Por consiguiente, después de haber escuchado al Episcopado universal y a numerosos expertos, las dos congregaciones han dedicado a este tema sus Asambleas Plenarias de noviembre de 1995. Cuanto se trató, unido a las numerosísimas experiencias adquiridas, ha sido objeto de atento estudio por parte de los Eminentísimos y Excelentísimos Miembros, por ello, las dos Congregaciones han elaborado las presentes redacciones finales de la *Ratio fundamentalis institutionis diaconorum permanentium* y del *Directorio para el ministerio y la vida de los diáconos permanentes* que reproducen fielmente instancias, indicaciones y propuestas provenientes de todas la áreas geográficas, representadas a tan alto nivel. Los trabajos de las dos Asambleas Plenarias han hecho surgir numerosos elementos de convergencia y la necesidad, cada vez más sentida en nuestro tiempo, de una armonía concertada, para ventaja de la unidad en la formación y de la eficacia pastoral del sagrado ministerio, frente a los desafíos del ya inminente Tercer Milenio. Por tanto, los mismos Padres han pedido que los dos Dicasterios se encargaran de la redacción sincrónica de los dos documentos, publicándolos simultáneamente, precedidos por una única introducción comprensiva de los elementos fundamentales.

La *Ratio fundamentalis institutionis diaconorum permanentium*, preparada por la Congregación para la Educación Católica, pretende no sólo ofrecer algunos principios orientativos sobre la formación de los diáconos permanentes, sino también dar algunas directrices que deben ser tenidas en cuenta por las Conferencias Episcopales en la elaboración de sus «Ratio» nacionales. La Congregación ha pensado ofrecer a los Episcopados este subsidio, análogo a la *Ratio funda-*

mentalis institutionis sacerdotalis, para ayudarlos a cumplir de modo adecuado las prescripciones del can. 236, CIC, con el fin de garantizar en la Iglesia la unidad, la seriedad y la integridad de la formación de los diáconos permanentes.

Por lo que se refiere al *Directorio para el ministerio y la vida de los diáconos permanentes,* éste tiene valor no sólo exhortativo sino, como también el precedente para los presbíteros, reviste un carácter jurídicamente vinculante allí donde sus normas «recuerdan iguales normas disciplinares del Código de Derecho Canónico», o «determinan los modos de ejecución de las leyes universales de la Iglesia, hacen explícitas sus razones doctrinales e inculcan o solicitan su fiel observancia».[1] En estos casos concretos, el Directorio debe ser considerado como formal Decreto general ejecutivo (cf. can. 32).

Estos dos documentos, que son ahora publicados por autoridad de los respectivos Dicasterios, aunque cada uno conserva su propia identidad y su valor jurídico específico, se reclaman y se integran mutuamente, en virtud de su lógica continuidad, y se desea vivamente que sean presentados, acogidos y aplicados siempre en su integridad. La introducción, punto de referencia y de inspiración de toda la normativa, aquí publicada conjuntamente, permanece indisolublemente ligada a ambos documentos.

Ésta se atiene a los aspectos históricos y pastorales del Diaconado Permanente, con referencia específica a la dimensión práctica de la formación y del ministerio. Los elementos doctrinales que sostienen las argumentaciones son los de la doctrina expresada en

---

[1] Cf. Pontificio Consejo para la Interpretación de los Textos Legislativos, *Aclaraciones sobre el valor vinculante del artículo 66 del Directorio para el Ministerio y la vida de los Presbíteros,* 22 de octubre de 1994, en Revista Sacrum Ministerium 2/95. 263.

los documentos del Concilio Vaticano II y en el sucesivo Magisterio pontificio.

Los documentos responden a una necesidad ampliamente sentida de aclarar y reglamentar la diversidad de perspectivas de los experimentos hasta aquí realizados, tanto a nivel de discernimiento y de preparación, como a nivel de actuación ministerial y de formación permanente. De este modo se podrá asegurar aquella estabilidad de criterios que no dejará de garantizar dentro de la legítima pluralidad la indispensable unidad, con la consiguiente fecundidad de un ministerio que ha producido ya buenos frutos y promete una válida contribución a la nueva evangelización, en el umbral del Tercer Milenio.

Las normas, contenidas en los dos documentos, se refieren a los diáconos permanentes del clero secular diocesano, aunque muchas de ellas, con las necesarias adaptaciones, deberán ser tenidas en cuenta por los diáconos permanentes miembros de Institutos de vida consagrada y de Sociedades de vida apostólica.

INTRODUCCIÓN *

I. El ministerio ordenado

1.   «Para apacentar al Pueblo de Dios y acrecentarlo siempre, Cristo Señor instituyó en su Iglesia diversos ministerios, ordenados dirigidos al bien de todo el Cuerpo. Pues los ministros que poseen la sagrada potestad están al servicio de sus hermanos, a fin de que todos cuantos pertenecen al Pueblo de Dios y gozan, por tanto, de la verdadera dignidad cristiana, tendiendo libre y ordenadamente a un mismo fin, lleguen a la salvación».[2]

El sacramento del orden «configura con Cristo mediante una gracia especial del Espíritu Santo a fin de servir de instrumento a Cristo en favor de su Iglesia. Por la ordenación recibe la capacidad de actuar como representante de Cristo, Cabeza de la Iglesia, en su triple función de sacerdote, profeta y rey».[3]

Gracias al sacramento del orden la misión confiada por Cristo a sus Apóstoles continúa llevándose a cabo en la Iglesia hasta el fin de los tiempos: éste es, pues, el sacramento del ministerio apostólico.[4] El acto sacramental de la ordenación va más allá de una simple elección, designación, encargo o institución por parte de la comunidad, ya que confiere un don del

---

* Esta parte introductiva es común a la «Ratio» y al «Directorio». En el caso de publicación separada de los dos documentos, éstos deberán llevarla.

[2] CONC. ECUM. VAT. II, Const. Dogm. *Lumen Gentium*, 18.
[3] *Catecismo de la Iglesia Católica*, n. 1581.
[4] Cf. *ibidem*, n. 1536.

11

Espíritu Santo, que permite ejercitar una potestad sacra, que puede venir sólo de Cristo, mediante su Iglesia.[5] «El enviado del Señor habla y actúa no con autoridad propia, sino en virtud de la autoridad de Cristo; no como miembro de la comunidad, sino hablando a ella en nombre de Cristo. Nadie puede conferirse a sí mismo la gracia, ella debe ser dada y ofrecida. Eso supone ministros de la gracia, autorizados y habilitados por parte de Cristo».[6]

El sacramento del ministerio apostólico comporta tres grados. De hecho «el ministerio eclesiástico de institución divina es ejercido en diversas categorías por aquellos que ya desde antiguo se llaman obispos, presbíteros, diáconos».[7] Junto a los presbíteros y a los diáconos, que prestan su ayuda, los obispos han recibido el ministerio pastoral en la comunidad y presiden en lugar de Dios a la grey de la que son los pastores, como maestros de doctrina, sacerdotes del culto sagrado y ministros de gobierno.[8]

La naturaleza sacramental del ministerio eclesial hace que a él esté «intrínsecamente ligado el *carácter de servicio*. En efecto, los ministros, en cuanto dependen totalmente de Cristo, el cual confiere su misión y autoridad, son verdaderamente "siervos de Cristo" (cf. *Rm* 1, 11), a imagen de él, que ha asumido libremente por nosotros «la condición de siervo» (*Fil* 2, 7)».[9]

El sagrado ministerio posee, además, *carácter colegial* [10] y *carácter personal*,[11] por lo cual «en la Iglesia, el ministerio sacramental *es un servicio ejer-*

---

[5] Cf. *Catecismo de la Iglesia Católica*, n. 1538.
[6] *Ibidem*, n. 875.
[7] Conc. Ecum. Vat. II, Const. Dogm. *Lumen Gentium*, 28.
[8] Cf. *ibidem*, 20; C.I.C., can. 375, § 1.
[9] *Catecismo de Iglesia Católica*, 876.
[10] Cf. *ibidem*, n. 877.
[11] *Ibidem*, n. 878.

citado en nombre de Cristo y tiene una ídole personal y una forma colegial. [...].[12]

II. El orden del diaconado

2. El servicio de los diáconos en la Iglesia está documentado desde los tiempos apostólicos. Una tradición consolidada, atestiguada ya por S. Ireneo y que confluye en la liturgia de la ordenación, ha visto el inicio del diaconado en el hecho de la institución de los «siete», de la que hablan los Hechos del los Apostoles (6, 1-6). En el grado inicial de la sagrada jerarquía están, por tanto, los diáconos, cuyo ministerio ha sido siempre tenido en gran honor en le Iglesia.[13] San Pablo los saluda junto a los obispos en el exordio de la *Carta a los Filipenses* (cf. *Fil* 1, 1) y en la *Primera Carta a Timoteo* examina las cualidades y las virtudes con las que deben estar adornados para cumplir dignamente su ministerio (cf. *1 Tim* 3, 8-13).[14]

En la Escritura y en la Tradición

La literatura patrística atestigua desde el principio esta estructura jerárquica y ministerial de la Iglesia, que comprende el diaconado. Para S. Ignacio de Antioquía[15] una Iglesia particular sin obispo, presbítero y diácono era impensable. Él subraya cómo el ministerio del diácono no es sino el «ministerio de Jesucristo, el cual antes

---

[12] *Catecismo de la Iglesia Católica*, n. 879.
[13] Cf. Conc. Ecum. Vat. II, Const. Dogm. *Lumen Gentium*, 29; Pablo VI, Carta Ap. *Ad Pascendum* (15 agosto 1972), *AAS* 64 (1972), 534.
[14] Además, entre los 60 colaboradores que aparecen en sus cartas, algunos están nombrados como diáconos: Timoteo (*1 Tes* 3, 2), Epafra (*Col* 1, 7), Tiquico (*Col* 4, 7; *Ef* 6, 2).
[15] Cf. *Epist. ad Philadelphenses*, 4; *Epist. ad Smyrnaeos*, 12, 2; *Epist. ad Magnesios*, 6, 1: F. X. Funk (ed), Patres Apostolici, Tubingae 1901², pp. 266-267; 286-287; 234-235.

de los siglos estaba en el Padre y ha aparecido al final de los tiempos». «No son, en efecto, diáconos para comidas o bebidas, sino ministros de la Iglesia de Dios». La *Didascalia Apostolorum* [16] y los Padres de los siglos sucesivos, así como también los diversos Concilios [17] y la praxis eclesiástica [18] testimonian la continuidad y el desarrollo de tal dato revelado.

La institución diaconal floreció, en la Iglesia de Occidente, hasta el siglo V; después, por varias razones conoció una lenta decadencia, terminando por permanecer sólo como etapa intermedia para los candidatos a la ordenación sacerdotal.

El Concilio de Trento dispuso que el diaconado permanente fuese restablecido, como era antiguamente, según su propia naturaleza, como función originaria en la Iglesia.[19] Pero tal prescripción no encontró una actuación concreta.

[16] Cf. *Didascalia Apostolorum* (Siriaca), capp. III, XI: A. VÖÖBUS (ed.), The *«Didascalia Apostolorum»* in Syriae (texto original y traducción en inglés), CSCO vol. I, n. 402, (tomo 176), pp. 29-30; Vol. II, n. 408, (tomo 180), pp. 120-129; *Didascalia Apostolorum,* III, 13 (19), 1-7: F. X. FUNK (ed.), *Didascalia et Constitutiones Apostolorum,* Paderbornae 1906, I, pp. 212-216.

[17] Cf. los Cánones 32 y 33 Concilio de Elvira (300/3), los canones 16 (15), 18, 21 del Concilio de Arles I (314), los canones 15, 16, 18 del Concilio de Nicea I (325).

[18] Cada Iglesia local, en los primeros tiempos del cristianismo, debía tener un número de diáconos «proporcionado al de los miembros de la Iglesia», para que pudieran conocer y ayudar a cada uno» (cf. *Didascalia de los doce apóstoles,* III, 12: (16) F. X. FUNK, ed. cit., I, p. 208). En Roma, el papa San Fabián (236-250) había dividido la ciudad en siete zonas («regiones», más tarde llamadas «diaconías») en las que era colocado un diácono («regionarius») para la promoción de la caridad y la asistencia a los necesitados. Análoga era la organización «diaconal» en muchas ciudades orientales y occidentales en los siglos tercero y cuarto.

[19] Cf. CONCILIO DE TRENTO, Sesión X (XXIII) XIII, Decreto *De reformatione,* c. 17: *Conciliorum Oecumenicorum Decreta,* ed. bilinüe cit., p. 750.

El Concilio Vaticano II determinó que « se podrá restableces el diaconado en adelante como grado propio y permanente de la Jerarquía... (y) podrá ser conferido a los varones de edad madura, aunque estén casados, y también a jóvenes idóneos, para quienes debe mantenerse firme la ley del celibato», según la constante tradición.[20] Las razones que han determinado esta elección fueron sustancialmente tres: *a*) el deseo de enriquecer a la Iglesia con las funciones del ministerio diaconal que de otro modo, en muchas regiones, difícilmente hubieran podido ser llevadas a cabo; *b*) la intención de reforzar con la gracia de la ordenación diaconal a aquellos que ya ejercían de hecho funciones diaconales; *c*) la preocupación de aportar ministros sagrados a aquellas regiones que sufrían la escasez de clero. Estas razones ponen de manifiesto que la restauración del diaconado permanente no pretendía de ningún modo comprometer el significado, la función y el florecimiento del sacerdocio ministerial que siempre debe ser generosamente promovido por ser insustituible.

Pablo VI, para actuar las indicaciones conciliares, estableció, con la carta apostólica «*Sacrum diaconatus ordinem*» (18 de junio de 1967),[21] las reglas generales para la restauración del diaconado permanente en la Iglesia latina. El año sucesivo, con la constitución apostólica «*Pontificalis romani recognitio*» (18 de junio de 1968),[22] aprobó el nuevo rito para conferir las sagradas órdenes del episcopado, del presbiterado y del diaconado, definiendo del mismo modo la materia y la forma de las mismas ordenaciones, y, finalmente, con la carta apostólica «*Ad pascendum*» (15 de agosto de 1972),[23] precisó las condiciones para la admisión y la ordenación de los candidatos al diaconado. Los elementos esenciales de esta normativa fueron recogidos entre las normas del Código de dere-

---

[20] LG 29.
[21] *AAS* 59 (1967), 697-704.
[22] *AAS* 60 (1968), 369-373.
[23] *AAS* 64 (1972), 534-540.

cho canónico, promulgado por el papa Juan Pablo II el 25 de enero de 1983.[24]

Siguiendo la legislación universal, muchas Conferencias Episcopales procedieron y todavía proceden, previa aprobación de la Santa Sede, a la restauración del diaconado permanente en sus Naciones y a la redacción de normas complementarias al respecto.

III. El diaconado permanente

Razones del restablecimiento

3. La experiencia plurisecular de la Iglesia ha sugerido la norma, según la cual el orden del presbiterado es conferido sólo a aquel que ha recibido antes el diaconado y lo ha ejercitado oportunamente.[25] El orden del diaconado, sin embargo, «no debe ser considerado como un puro y simple grado de acceso al sacerdocio».[26]

«Ha sido uno de los frutos del Concilio Ecuménico Vaticano II, querer restituir el diaconado como grado propio y permanente de la jerarquía».[27] En base a «motivaciones ligadas a las circunstancias históricas y a las perspectivas pastorales» acogidas por los Padres conciliares, en verdad «obraba misteriosamente el Espíritu Santo, protagonista de la vida de la Iglesia, llevando a una nueva actuación del cuadro completo de la jerarquía, tradicionalmente compuesta de obispos, sacerdotes y diáconos. Se promovía de tal forma una revitalización de las comunidades cristianas, más en consonancia con las que surgían de las manos de los Apóstoles y florecían en

---

[24] Los cánones que hablan explícitamente de los diáconos son una decena: 236, 276, § 2, 3°; 281, § 3; 288; 1031, §§ 2-3; 1032, § 3; 1035, § 1; 1037; 1042, 1°; 1050, 3°.

[25] Cf. *C.I.C.*, can. 1031, § 1.

[26] PABLO VI, Cart. Ap. *Sacrum Diaconatus Ordinem*: (18 de junio de 1969): *AAS* 59 (1967), p. 698.

[27] JUAN PABLO II, Alocución (16 de marzo de 1985), n. 1: *Enseñanzas*, VIII, 1 (1985), p. 648. Cf. CONC. ECUM. VAT. II, Const. dogm. *Lumen gentium*, 29; Decr. *Orientalium Ecclesiarum*, 17.

los primeros siglos, siempre bajo el impulso del Paráclito, como lo atestiguan los *Hechos*».[28]

El *diaconado permanente* constituye un importante enriquecimiento para la misión de la Iglesia.[29] Ya que los *munera* que competen a los diáconos son necesarios para la vida de la Iglesia,[30] es conveniente y útil que, sobre todo en los territorios de misiones,[31] los hombres que en la Iglesia son llamados a un ministerio verdaderamente diaconal, tanto en la vida litúrgica y pastoral, como en las obras sociales y caritativas «sean fortalecidos por la imposición de las manos transmitida desde los Apóstoles, y sean más estrechamente unidos al servicio del altar, para que cumplan con mayor eficacia su ministerio por la gracia sacramental del diaconado».[32]

Ciudad del Vaticano, desde el Palacio de las Congregaciones, 22 de febrero, fiesta de la Cátedra de San Pedro, de 1998.

Congregación para la Educación Católica	Congregación para el Clero
Pio Card. Laghi *Prefecto*	Darío Card. Castrillón Hoyos *Prefecto*
✠ José Saraiva Martins *Arz. tit. de Tubúrnica* *Secretario*	✠ Csaba Ternyák *Arz. tit. de Eminenziana* *Secretario*

---

[28] Juan Pablo II, *Catequesis* en la Audiencia General del 6 de octubre de 1993; n. 5: *Enseñanzas*, XVI, 2 [1993], p. 954).

[29] «Una exigencia particularmente sentida de cara a la decisión del restablecimiento del diaconado permanente era y es la de una mayor y más directa presencia de los ministros de la Iglesia en los distintos ambientes de la familia, del trabajo, de la escuela, etc. además de las estructuras pastorales ya existentes» (Juan Pablo II, *Catequesis* en la Audiencia General del 6 de octubre de 1993, n. 6: *Enseñanzas*, XVI, 2, (1993), p. 954.

[30] Cf. Conc. Ecum. Vat. II, Const. dogm. *Lumen Gentium*, 29b.

[31] Cf. *ibidem*, decr. *Ad gentes*, 16.

[32] *Ibidem*, Decr. *Ad gentes*, 16. Cf. *Catecismo de la Iglesia Católica*, n. 1571.

CONGREGACIÓN PARA LA EDUCACIÓN CATÓLICA

RATIO FUNDAMENTALIS INSTITUTIONIS DIACONORUM PERMANENTIUM

NORMAS BÁSICAS DE LA FORMACIÓN DE LOS DIÁCONOS PERMANENTES

INTRODUCCIÓN

1. Itinerarios formativos

1. Las primeras indicaciones sobre la formación de los diáconos fueron dadas en la Carta apostólica « Sacrum diaconatus ordinem ».[1]

La Carta apostólica « Sacrum diaconatus ordinem »

---

[1] Cf. PAOLO VI, Carta apost. *Sacrum diaconatus ordinem* (18 de junio de 1967): *AAS* 59 (1967), pp. 697-704. La Carta apostólica, en el cap. II, que habla de los candidatos jóvenes, prescribe: « 6) Los jóvenes candidatos al ministerio diaconal deben ser recibidos en un Instituto especial, donde serán sometidos a prueba, educados para vivir una vida verdaderamente evangélica, y preparados para desarrollar útilmente sus funciones específicas. 9) El verdadero y propio tirocinio diaconal habrá de extenderse al menos por tres años; el orden de los estudios, por otra parte, se regulará de modo que prepare a los candidatos, gradual y progresivamente, para atender con pericia y utilidad a las diversas tareas diaconales. En su conjunto, por lo tanto, el ciclo de los estudios podrá ser ordenado de modo tal que durante el curso del último año se imparta una preparación específica correspondiente a las diversas tareas a las que los diáconos atenderán preferentemente. 10) A todo esto se habrán de añadir las ejercitaciones prácticas relativas a la enseñanza de los elementos de la religión cristiana a los niños y demás fieles, la divulgación y dirección del canto sagrado, la lectura de los libros de la Sagrada Escritura en las asambleas de los fieles, la predicación y exhortación al pueblo, la administración de los sacramentos que competen a los diáconos, la visita a los enfermos y, en general, el cumplimiento de aquellos servicios que les pueden ser encomendados ». Y en el cap. III, dedicado a los candidatos de edad madura, prescribe: « 14) Es de desear que estos diáconos también posean una doctrina suficiente, según cuanto se ha dicho al respecto en los nn. 8, 9 y 10, o que, por lo menos, tengan reputación de poseer aquella preparación intelectual que, a juicio de la Conferencia Episcopal, les será indi-

Dichas indicaciones fueron recogidas y concreta-
das después en la Carta circular de la Sagrada Congregación para la Educación Católica del 16 de julio
de 1969 *Come è a conoscenza*, en la que se señalaban
« diferentes tipos de formación » según los « distintos
tipos de diaconado » (para célibes, casados, « destinados a lugares de misión o a países todavía en vías de
desarrollo », llamados a « ejercer su función en naciones de cierta civilización y de cultura bastante avanza-
da »). Respecto a la formación doctrinal, se indicaba
que debía ser superior a la de un simple catequista y,
en algún modo, análoga a la del sacerdote. A continuación se enumeraban las materias que debían tenerse en consideración al elaborar el programa de estudios.[2]

Posteriormente la Carta apostólica *Ad pascendum*
precisó que « por lo que se refiere al curso de los estudios teológicos, que debe preceder a la ordenación
de los diáconos permanentes, compete a las Conferencias Episcopales emanar, en base a las circunstancias
del lugar, las normas oportunas y someterlas a la

spensable para el cumplimiento de las propias funciones específicas. Deben ser admitidos, por lo tanto, durante un cierto tiempo,
en un Instituto especial, donde les sea posible aprender todo
aquello que les será necesario para atender dignamente a su función diaconal. 15) Si esto no pudiese ser realizado, el aspirante
debe ser confiado para su educación a algún sacerdote de eminente virtud que lo tome bajo su cuidado, lo instruya y pueda finalmente testimoniar su prudencia y madurez ».
[2] La Carta circular de la Congregación indicaba que los cursos debían tener en consideración el estudio de la Sagrada Escritura, del
Dogma, de la Moral, del Derecho Canónico, de la Liturgia, de
« enseñanzas técnicas, que preparen a los candidatos a ciertas actividades de su ministerio, tales como la sicología, pedagogía cate-
quística, elocuencia, canto sagrado, animación de organizaciones
católicas, administración eclesiástica para tener al día los registros
de bautismo, confirmación, defunciones, etc. ».

aprobación de la Sagrada Congregación para la Educación Católica».[3]

El nuevo Código de Derecho Canónico integró los elementos esenciales de esta normativa en el canon 236.

2.   Unos treinta años después de las primeras indicaciones, y con las aportaciones de las sucesivas experiencias, se ha creído ahora oportuno elaborar la presente *Ratio fundamentalis institutionis diaconorum permanentium*. Su finalidad es ofrecer un instrumento para orientar y armonizar, respetando las legítimas diferencias, los programas educativos elaborados por las Conferencias Episcopales y por las diócesis, que, a veces, resultan muy diferentes entre sí.

2. Referencia a una segura teología del diaconado

3.   La eficacia de la formación de los diáconos permanentes depende en gran parte de la subyacente concepción teológica del diaconado. Ella, en efecto, ofrece las coordenadas para determinar y orientar el itinerario formativo y, al mismo tiempo, señala la meta a seguir.

La desaparición casi total del diaconado permanente en la Iglesia de Occidente por más de un milenio, ha hecho, ciertamente, más difícil la comprensión de la profunda realidad de este ministerio. Sin embargo, no se puede decir que por ello la teología del diaconado carezca de referencias autorizadas y se encuentre a merced de las diversas opiniones teológicas. Las referencias existen, y son muy claras, si bien necesitan ser posteriormente desarrolladas y profundiza-

---

[3] PABLO VI, Carta apost. *Ad pascendum* (15 de agosto de 1972), VII, b): *AAS* 64 (1972), p. 540.

das. A continuación, se señalan algunas consideradas como más importantes, sin pretender indicarlas todas.

La perspectiva eclesiológica y cristológica

4. Ante todo es preciso considerar al diaconado, al igual que cualquier otra realidad cristiana, en el interior de la Iglesia, entendida como misterio de comunión trinitaria en tensión misionera. Es ésta una referencia necesaria en la definición de la identidad de todo ministro ordenado, aunque no prioritaria, en cuanto que su plena verdad consiste en ser una participación específica y una representación del ministerio de Cristo.[4] Es por esto que el diácono recibe la imposición de las manos y es asistido por una gracia sacramental especial, que lo injerta en el sacramento del orden.[5]

Específica conformación con Cristo

5. El diaconado es conferido por una efusión especial del Espíritu (*ordenación*), que realiza en quien la recibe una específica conformación con Cristo, Señor y siervo de todos. La Constitución dogmática *Lumen gentium*, n. 29, precisa, citando un texto de las *Constitutiones Ecclesiae Ægyptiacae*, que la imposición de las manos al diácono no es « ad sacerdotium sed ad ministerium »,[6] es decir, no para la celebración eucarística, sino para el servicio. Esta indicación, junto con la advertencia de San Policarpo, recogida también

---

[4] Cf. JUAN PABLO II, Ex. apost. postsinodal *Pastores dabo vobis* (25 de marzo de 1992), 12: *AAS* 84 (1992), pp. 675-676.

[5] Cf. CONC. ECUM. VAT. II, Cost. dogm. *Lumen gentium*, 28; 29.

[6] El *Pontificale Romanum – De Ordinatione Episcopi, Presbyterorum et Diaconorum*, Editio typica altera, Typis Polyglottis Vaticanis 1990, p. 101, cita al n. 179 de los « Praenotanda », relativos a la ordenación de los diáconos, la expresión « in ministerio Episcopi ordinantur » tomada de la *Traditio apostolica*, 8 (*SCh*, 11bis, pp. 58-59), reproducida de las *Constitutiones Ecclesiae Ægyptiacae* III, 2: F. X. FUNK (ed.), *Didascalia et Constitutiones Apostolorum*, II, Paderbornæ 1905, p. 103.

por *Lumen gentium*, n. 29,[7] traza la identidad teológica específica del diácono: él, como participación en el único ministerio eclesiástico, es en la Iglesia signo sacramental específico de Cristo siervo. Su tarea es ser « intérprete de las necesidades y de los deseos de las comunidades cristianas » y « animador del servicio, o sea, de la *diakonia* »,[8] que es parte esencial de la misión de la Iglesia.

6. La *materia* de la ordenación diaconal es la imposición de las manos por parte del Obispo; la *forma* la constituyen las palabras de la oración consacratoria, que se articula en los tres momentos de la anámnesis, de la epíclesis y de la intercesión.[9] La anámnesis (que recorre la historia de la salvación centrada en Cristo) recuerda a los « levitas », refiriéndose al culto, y a los « siete » de los *Hechos de los Apóstoles*, refiriéndose a la caridad. La epíclesis pide la fuerza de los siete dones del Espíritu para que el ordenando esté en condiciones de imitar a Cristo como « diácono ». La intercesión exhorta a una vida generosa y casta.

La *forma esencial* para el sacramento es la epíclesis, que consiste en las palabras: « te suplicamos, oh Señor, infundas en ellos el Espíritu Santo, que los fortalezca con los siete dones de tu gracia, para que cumplan fielmente la obra del ministerio ». Los siete dones tienen origen en un pasaje de *Isaías* 11, 2, recogido por la versión ampliada que de él hicieron los *Setenta*. Se trata de los dones del Espíritu otorgados

La « materia » y la « forma » del sacramento

[7] « Sean misericordiosos, diligentes; procediendo conforme a la verdad del Señor que se hizo siervo de todos » (S. POLICARPO, *Epist. ad Philippenses*, 5, 2: F. X. FUNK [ed.], *Patres Apostolici*, I, Tubingae 1901, pp. 300-302).

[8] PABLO VI, Carta apost. *Ad pascendum*, Introducción: *l. c.*, 534-538.

[9] Cf. *Pontificale Romanum – De Ordinatione Episcopi, Presbyterorum et Diaconorum*, n. 207: *ed. cit.* pp. 115-122.

al Mesías, que vienen después comunicados a los nuevos ordenados.

Carácter y gracia sacramental específica

7. El diaconado, en cuanto grado del orden sagrado, imprime carácter y comunica una gracia sacramental específica. El carácter diaconal es el signo configurativo-distintivo impreso indeleblemente en el alma que configura a quien está ordenado a Cristo, quien se hizo diácono, es decir, servidor de todos.[10] Esto conlleva una gracia sacramental específica, que es fuerza, *vigor specialis*, don para vivir la nueva realidad obrada por el sacramento. «En cuanto a los diáconos, fortalecidos con la gracia del sacramento, en comunión con el obispo y sus presbíteros, están al servicio del pueblo de Dios en la *diaconía* de la liturgia, de la palabra y de la caridad».[11] Como en todos los sacramentos que imprimen carácter, la gracia tiene una virtualidad permanente. Florece y reflorece en la medida en que es acogida y re-acogida en la fe.

La relación con los Obispos y los presbíteros

8. En el ejercicio de su potestad, los diáconos, al ser partícipes a un grado inferior del ministerio sacerdotal, dependen necesariamente de los Obispos, que poseen la plenitud del sacramento del orden. Además, mantienen una relación especial con los presbíteros, en comunión con los cuales están llamados a servir al pueblo de Dios.[12]

La incardinación

Desde el punto de vista disciplinar, por la ordenación diaconal, el diácono queda incardinado en la Iglesia particular o en la prelatura personal para cuyo servicio fue promovido, o bien, como clérigo, en un instituto religioso de vida consagrada o en una socie-

[10] Cf. *Catecismo de la Iglesia Católica*, n. 1570.
[11] *Ibidem*, n. 1588.
[12] Cf. Conc. Ecum. Vat. II, Decr. *Christus Dominus*, 15.

dad clerical de vida apostólica.[13] La figura de la incardinación no representa un hecho más o menos accidental, sino que se caracteriza como vínculo constante de servicio a una concreta porción del pueblo de Dios. Esto implica la pertenencia eclesial a nivel jurídico, afectivo y espiritual y la obligación del servicio ministerial.

3. El ministerio del diácono en los diferentes contextos pastorales

9. El ministerio del diácono se caracteriza por el ejercicio de los tres *munera* propios del ministerio ordenado, según la perspectiva específica de la *diaconía*.

Con referencia al *munus docendi*, el diácono está llamado a proclamar la Escritura e instruir y exhortar al pueblo.[14] Esto se expresa por la entrega del libro de los Evangelios, prevista en el rito mismo de la ordenación.[15]

El « munus docendi »

El *munus sanctificandi* del diácono se desarrolla en la oración, en la administración solemne del bautismo, en la conservación y distribución de la Eucaristía, en la asistencia y bendición del matrimonio, en presidir el rito de los funerales y de la sepultura y en la administración de los sacramentales.[16] Esto pone de manifiesto cómo el ministerio diaconal tiene su punto de partida y de llegada en la Eucaristía, y que no queda reducido a un simple servicio social.

El « munus sanctificandi »

---

[13] Cf. *C.I.C.*, can. 266.
[14] Cf. CONC. ECUM. VAT. II, Cost. dogm. *Lumen gentium*, 29.
[15] Cf. *Pontificale Romanum – De Ordinatione Episcopi, Presbyterorum et Diaconorum*, n. 210: *ed. cit.*, p. 125.
[16] Cf. CONC. ECUM. VAT. II, Cost. dogm. *Lumen gentium*, 29.

En fin, el *mundus regendi* se ejerce en la dedicación a las obras de caridad y de asistencia,[17] y en la animación de comunidades o sectores de la vida eclesial, especialmente en lo que concierne a la caridad. Este es el ministerio más característico del diácono.

10. Las líneas de la ministerialidad originaria del diaconado están, pues, como se deduce de la antigua praxis diaconal y de las indicaciones conciliares, muy bien definidas. Pero, si dicha ministerialidad originaria es única, son, en cambio, diversos los modelos concretos de su ejercicio, que deberán ser sugeridos, en cada ocasión, por las diversas situaciones pastorales de cada Iglesia. Modelos que, obviamente, habrán de tenerse en cuenta al programar el *iter* formativo.

4. La espiritualidad diaconal

11. De la identidad teológica del diácono brotan con claridad los rasgos de su espiritualidad específica, que se presenta esencialmente como espiritualidad de servicio.

El modelo por excelencia es Cristo siervo, que vivió totalmente dedicado al servicio de Dios, por el bien de los hombres. Él se reconoció profetizado en el siervo del primer canto del *Libro de Isaías* (cf. *Lc* 4, 18-19), definió expresamente su acción como diaconía (cf. *Mt* 20, 28; *Lc* 22, 27; *Jn* 13, 1-17; *Fil* 2, 7-8; *1 Pt* 2, 21-25) y mandó a sus discípulos hacer otro tanto (cf. *Jn* 13, 34-35; *Lc* 12, 37).

La espiritualidad de servicio es una espiritualidad de toda la Iglesia, en cuanto que toda la Iglesia, a semejanza de María, es la « sierva del Señor » (*Lc* 1, 28), al servicio de la salvación del mundo. Precisa-

---

[17] Cf. *Ibidem*.

mente para que la Iglesia pueda vivir mejor esta espiritualidad de servicio, el Señor le da un signo vivo y personal en el hacerse Él mismo siervo. Por esto, de manera específica, ésta es la espiritualidad del diácono. Él, en efecto, por la sagrada ordenación, es constituido en la Iglesia icono vivo de Cristo siervo. El *leitmotiv* de su vida espiritual será, pues, el servicio; su santidad consistirá en hacerse servidor generoso y fiel de Dios y de los hombres, especialmente de los más pobres y de los que sufren; su compromiso ascético se orientará a adquirir aquellas virtudes que requiere el ejercicio de su ministerio.

12. Obviamente, dicha espiritualidad deberá integrarse armónicamente en cada caso con la espiritualidad correspondiente al propio estado de vida. Por lo cual, la misma espiritualidad diaconal adquirirá connotaciones diversas según sea vivida por un casado, por un viudo, por un célibe, por un religioso, por un consagrado en el mundo. El itinerario formativo deberá tener en cuenta estas diversas modulaciones y ofrecer, según el tipo de candidato, caminos espirituales diferenciados.

La caracterización según los estados de vida

5. La función de las Conferencias Episcopales

13. « Es función de las legítimas asambleas episcopales o Conferencias Episcopales deliberar, con el consentimiento del Sumo Pontífice, si y dónde —teniendo en cuenta el bien de los fieles— conviene instituir el diaconado como grado propio y permanente de la Jerarquía ».[18]

---

[18] PABLO VI, Carta apost. *Sacrum diaconatus ordinem*, I, 1: *l. c.*, p. 699.

El Código de Derecho Canónico reconoce a las Conferencias Episcopales también la competencia de concretar, mediante disposiciones complementarias, la disciplina que atañe a la recitación de la liturgia de las horas,[19] a la edad requerida para la admisión [20] y a la formación, de lo cual se ocupa el can. 236. Este canon dispone que sean las Conferencias Episcopales las que dicten, teniendo en cuenta las circunstancias locales, las normas oportunas para que los candidatos al diaconado permanente, jóvenes o adultos, célibes o casados, « sean formados para que cultiven la vida espiritual y cumplan dignamente los oficios propios de su orden ».

La ayuda de
la « Ratio
fundamentalis
institutionis
diaconorum
permanen-
tium »

14. Para ayudar a las Conferencias Episcopales a trazar itinerarios formativos que, atentos a las diversas situaciones particulares, estén sin embargo en sintonía con el camino universal de la Iglesia, la Congregación para la Educación Católica ha preparado la presente *Ratio fundamentalis institutionis diaconorum permanentium*, que busca ofrecer un punto de referencia para precisar los criterios del discernimiento vocacional y los diferentes aspectos de la formación. Dicho documento —conforme a su misma naturaleza— indica solamente algunas líneas fundamentales de carácter general, que constituyen la norma que las Conferencias Episcopales deberán tener en cuenta para la elaboración o la eventual mejora de las respectivas *rationes* nacionales. De tal manera, y sin menoscabo de la creatividad y singularidad de las Iglesias particulares, se indican los principios y los criterios sobre los que puede programarse la formación de los diáconos permanentes con seguridad y en armonía con las demás Iglesias.

[19] Cf. *C.I.C.*, can. 276, § 2, 3°.
[20] Cf. *Ibidem*, can. 1031, § 3.

15. Además, análogamente a cuanto el mismo Concilio Vaticano II estableció para las *rationes institutionis sacerdotalis*,[21] con el presente documento se pide a las Conferencias Episcopales que han restaurado el diaconado permanente que sometan sus respectivas *rationes institutionis diaconorum permanentium* al examen y aprobación de la Santa Sede. Ésta las aprobará, primero, *ad experimentum*, y después, por un número determinado de años, de manera que sean garantizadas revisiones periódicas.

6. Responsabilidad de los Obispos

16. La restauración del diaconado permanente en una nación no conlleva la obligación de restablecerlo en todas las diócesis. Será el Obispo diocesano el que, oído prudentemente el parecer del Consejo presbiteral y, si existe, el del Consejo pastoral, procederá o no al respecto, teniendo en cuenta las necesidades concretas y la situación específica de su Iglesia particular.

El discernimiento

En el caso de que opte por el restablecimiento del diaconado permanente, procurará promover una adecuada catequesis al respecto, tanto para los laicos como para los sacerdotes y los religiosos, a fin de que el ministerio diaconal sea comprendido en toda su profundidad. Además, proveerá a crear las estructuras necesarias para la labor formativa, y a nombrar los colaboradores idóneos que le ayuden como responsables directos de la formación, o, según las circunstancias, pondrá su empeño en valorizar las estructuras formativas de otras diócesis, o las regionales o nacionales.

La oportuna catequesis

El Obispo, luego, se preocupará de que, sobre la base de la *ratio* nacional y de la experiencia ya adqui-

Reglamento particular

---

[21] CONC. ECUM. VAT. II, Decr. *Optatam totius*, 1.

31

rida, sea redactado y actualizado periódicamente un reglamento diocesano particular.

7. El diaconado permanente en los Institutos de vida consagrada y en las Sociedades de vida apostólica

Las decisiones de los Capítulos Generales

17. La institución del diaconado permanente entre los miembros de los Institutos de vida consagrada y de las Sociedades de vida apostólica está regulada por las normas de la Carta apostólica *Sacrum diaconatus ordinem*. Ella establece que « instituir el diaconado permanente entre los religiosos es un derecho reservado a la Santa Sede, única a la que compete examinar y aprobar los votos de los Capítulos Generales al respecto ».[22] Todo cuanto se ha dicho —continúa el documento— « debe entenderse como dicho también de los miembros de los otros Institutos que profesan los consejos evangélicos ».[23]

La responsabilidad de la formación

Todo Instituto o Sociedad que haya obtenido el derecho de restablecer internamente el diaconado permanente asume la responsabilidad de asegurar la formación humana, espiritual, intelectual y pastoral de sus candidatos. Por lo tanto, dicho Instituto o Sociedad se deberá comprometer a preparar un programa formativo propio que, al mismo tiempo que recoge el carisma y la espiritualidad propios del Instituto o Sociedad, esté en sintonía con la presente *Ratio fundamentalis*, especialmente en cuanto atañe a la formación intelectual y pastoral.

El programa de cada Instituto o Sociedad deberá ser sometido al examen y aprobación de la Congrega-

---

[22] PABLO VI, Carta apost. *Sacrum diaconatus ordinem*, VII, 32: *l. c.*, p. 703.

[23] *Ibidem*, VII, 35: *l. c.*, p. 704.

ción para los Institutos de vida consagrada y las Sociedades de vida apostólica, o de la Congregación para la Evangelización de los Pueblos y de la Congregación para las Iglesias Orientales para los territorios de su respectiva competencia. La Congregación competente, oído el parecer de la Congregación para la Educación Católica sobre cuanto atañe a la formación intelectual, lo aprobará, primero, *ad experimentum*, y después por un número determinado de años, de modo que se garanticen las revisiones periódicas.

I

LOS PROTAGONISTAS
DE LA FORMACIÓN
DE LOS DIÁCONOS PERMANENTES

1. La Iglesia y el Obispo

18.   La formación de los diáconos, como la de los demás ministros y de todos los bautizados, es una tarea que implica a toda la Iglesia. Ella, aclamada por el apóstol Pablo como « la Jerusalén de arriba » y « nuestra madre » (*Gal* 4, 26), a semejanza de María, « mediante la predicación y el bautismo engendra a una vida nueva e inmortal a los hijos concebidos por obra del Espíritu Santo y nacidos de Dios ».[24] No solo: ella, imitando la maternidad de María, acompaña a sus hijos con amor materno y cuida de todos para que todos lleguen a la plena realización de su vocación.

El Espíritu de Cristo, primer protagonista de la formación

El cuidado de la Iglesia por sus hijos se manifiesta en el ofrecimiento de la Palabra y de los sacramentos, en el amor y en la solidaridad, en la oración y en la solicitud de los varios ministros. Pero en este cuidado, por así decir, visible, se hace presente el cuidado del Espíritu de Cristo. En efecto, « la articulación social de la Iglesia sirve al Espíritu Santo, que la vivifica, para el acrecentamiento de su cuerpo »,[25] sea en su globalidad, sea en la singularidad de cada uno de sus miembros.

---

[24] CONC. ECUM. VAT. II, Cost. dogm. *Lumen gentium*, 64.
[25] *Ibidem*, 8.

En el cuidado de la Iglesia por sus hijos, el primer protagonista es, pues, el Espíritu de Cristo. Es Él quien les llama, quien les acompaña y quien modela sus corazones para que puedan reconocer su gracia y corresponder a ella generosamente. La Iglesia debe ser bien consciente de esta dimensión *sacramental* de su obra educadora.

19. En la formación de los diáconos permanentes, el primer *signo e instrumento* del Espíritu de Cristo es el Obispo propio (o el Superior Mayor competente).[26] Él es el responsable último de su discernimiento y de su formación.[27] Él, aunque ejerciendo de ordinario dicha tarea por medio de los colaboradores por él elegidos, se preocupará, sin embargo, en la medida de lo posible, de conocer personalmente a los que se preparan al diaconado.

El Obispo (o el Superior Mayor), responsable último de la formación

2. Los encargados de la formación

20. Las personas que, bajo la dependencia del Obispo (o del Superior Mayor competente) y en estrecha colaboración con la comunidad diaconal, tienen una responsabilidad especial en la formación de los candidatos al diaconado permanente son: el director para la formación, el tutor (donde el número lo requiera), el director espiritual y el párroco (o el ministro al que se le confía el candidato para el tirocinio diaconal).

---

[26] Al Obispo diocesano se equiparan al respecto aquellos que tienen confiada la prelatura territorial, la abadía territorial, el vicariato apostólico, la prefectura apostólica y la administración apostólica erigida de manera estable (cf. *C.I.C.*, cann. 368; 381, § 2), la prelatura personal (cf. *C.I.C.*, cann. 266, § 1; 295) y el ordinariato castrense (cf. JUAN PABLO II, Cost. apost. *Spirituali militum curae* [21 de abril de 1986], art. I, § 1; art. II, § 1: *AAS* 78 [1986], pp. 482; 483).

[27] Cf. *C.I.C.*, cann. 1025; 1029.

21. El director para la formación, nombrado por el Obispo (o por el Superior Mayor competente) tiene la tarea de coordinar a las distintas personas comprometidas en la formación, de presidir y animar toda la labor educativa en sus varias dimensiones, y de relacionarse con las familias de los aspirantes y de los candidatos casados y con sus comunidades de proveniencia. Además, tiene la obligación de presentar al Obispo (o al Superior Mayor competente), y tras escuchar el parecer de los demás formadores,[28] excluido el director espiritual, el juicio de idoneidad sobre los aspirantes para su admisión entre los candidatos, y sobre los candidatos para su promoción al orden del diaconado.

Por sus decisivas y delicadas tareas, el director para la formación deberá ser elegido con sumo cuidado. Debe ser hombre de fe viva y de fuerte sentido eclesial, tener amplia experiencia pastoral y haber dado pruebas de prudencia, equilibrio y capacidad de comunión; debe poseer, además, sólida competencia teológica y pedagógica.

Podrá serlo un presbítero o un diácono y, preferiblemente, no responsable al mismo tiempo de los diáconos ordenados. Efectivamente, sería deseable que esta última responsabilidad permaneciese distinta de la que toma a cargo la formación de los aspirantes y de los candidatos.

22. El tutor, elegido por el director para la formación de entre los diáconos o presbíteros de probada experiencia y nombrado por el Obispo (o por el Superior Mayor competente), es el acompañante inmediato de cada aspirante y de cada candidato. Es el encargado de seguir de cerca el camino de cada uno,

---

[28] Se entiende también el director de la casa específica de formación, si existiese (cf. *C.I.C.*, can. 236, 1°).

ofreciéndole su ayuda y consejo para la solución de los problemas que se presenten y para la personalización de los distintos períodos formativos. Además, deberá colaborar con el director para la formación en la programación de las diversas actividades educativas y en la elaboración del juicio de idoneidad que es preciso presentar al Obispo (o al Superior Mayor competente). Según las circunstancias, el tutor será responsable de una sola persona o de un grupo reducido.

23. El director espiritual lo elige cada aspirante o candidato, y deberá ser aprobado por el Obispo o por el Superior Mayor. Su cometido es discernir la acción interior que el Espíritu realiza en el alma de los llamados y, al mismo tiempo, acompañar y animar su conversión continua. Deberá, además, dar consejos concretos para lograr la madurez de una auténtica espiritualidad diaconal y ofrecer estímulos eficaces para adquirir las virtudes que a ella van unidas. Por todo esto, anímese a los aspirantes y a los candidatos a confiarse para la dirección espiritual sólo a sacerdotes de probada virtud, poseedores de sólida cultura teológica, de profunda experiencia espiritual, de gran sentido pedagógico, de fuerte y exquisita sensibilidad ministerial. *El director espiritual*

24. El párroco (u otro ministro) es elegido por el director para la formación de acuerdo con el equipo de formadores, y teniendo en cuenta las diferentes situaciones de los candidatos. Su misión es ofrecer a quien le ha sido confiado una viva comunión ministerial, e iniciarlo y acompañarlo en las actividades pastorales que juzgue más idóneas para él; se preocupará, además, de analizar periódicamente el trabajo realizado con el candidato, y de informar sobre el desarrollo de su tirocinio al director para la formación. *El párroco*

3. Los profesores

Competencia científica y testimonio de vida

25. Los profesores contribuyen notablemente a la formación de los futuros diáconos. En efecto, mediante la enseñanaza del *sacrum depositum* custodiado por la Iglesia, nutren la fe de los candidatos y los preparan para la tarea de maestros del pueblo de Dios. Por tal motivo, no sólo deben esforzarse por adquirir la competencia necesaria y una suficiente capacidad pedagógica, sino también por testimoniar con la vida la Verdad que enseñan.

Formación unitaria

Para poder armonizar su aportación específica con la de las otras dimensiones de la formación, es importante que estén dispuestos, a tenor de las circunstancias, a colaborar y a relacionarse con las demás personas comprometidas en la formación. Así contribuirán a ofrecer a los candidatos una formación unitaria y les facilitarán la necesaria labor de síntesis.

4. La comunidad de formación de los diáconos permanentes

Una comunidad eclesial específica

26. Los aspirantes y los candidatos al diaconado permanente constituyen, por fuerza misma de las cosas, un ambiente peculiar, una comunidad eclesial específica que influye profundamente en la dinámica formativa.

Los responsables de la formación se preocuparán de que dicha comunidad se caracterice por su profunda espiritualidad, sentido de comunión, espíritu de servicio e impulso misionero, y por tener un ritmo bien determinado de encuentros y de oración.

Una valiosa ayuda

De esta manera, la comunidad de formación de los diáconos permanentes podrá prestar una valiosa ayuda a los aspirantes y a los candidatos al diaconado en el discernimiento de su vocación, en la maduración humana, en la iniciación a la vida espiritual, en el estudio teológico y en la experiencia pastoral.

5. Las comunidades de procedencia

27. Las comunidades de procedencia de los aspirantes y de los candidatos al diaconado pueden ejercer una influencia no irrelevante sobre su formación.

Para los aspirantes y los candidatos más jóvenes, *La familia* la familia puede ser una ayuda extraordinaria. Se la invitará a «acompañar el camino formativo con la oración, el respeto, el buen ejemplo de las virtudes domésticas y la ayuda espiritual y material, sobre todo en los momentos difíciles... Incluso en el caso de padres y familiares indiferentes o contrarios a la opción vocacional, la confrontación clara y serena con la posición del joven y los incentivos que de ahí se derivan, pueden ser de gran ayuda para que la vocación... madure de un modo más consciente y firme».[29] En cuanto a los aspirantes y a los candidatos casados, deberá procurarse hacer que la comunión conyugal contribuya eficazmente a fortalecer su camino de formación hacia la meta del diaconado.

La comunidad parroquial está llamada a acompa- *La comunidad* ñar el itinerario de cada uno de sus miembros hacia *parroquial* el diaconado con el apoyo de la oración y un adecuado camino de catequesis que, al mismo tiempo que sensibiliza a los fieles hacia este ministerio, proporciona al candidato una valiosa ayuda para su discernimiento vocacional.

También las asociaciones eclesiales de las que pro- *Las asociacio-* ceden aspirantes y candidatos al diaconado puede se- *nes eclesiales* guir siendo para ellos fuente de ayuda y de apoyo, de

---

[29] JUAN PABLO II, Ex. apost. postsinodal *Pastores dabo vobis*, 68: *l. c.*, pp. 775-776.

luz y de aliento. Pero, al mismo tiempo, deben manifestar respeto hacia la llamada ministerial de sus miembros no obstaculizando, antes bien favoreciendo en ellos la maduración de una espiritualidad y de una disponibilidad auténticamente diaconales.

6. El aspirante y el candidato

*La autofor-
mación*

28. Finalmente, aquel que se prepara al diaconado « debe considerarse protagonista necesario e insustituible de su formación: toda formación... es, en definitiva, una autoformación ».[30]

Autoformación no significa aislamiento, cerrazón o independencia respecto a los formadores, sino responsabilidad y dinamismo en responder con generosidad a la llamada de Dios, valorando al máximo las personas y los instrumentos que la Providencia pone a disposición.

La autoformación tiene su raíz en una firme decisión de crecer en la vida según el Espíritu conforme a la vocación recibida, y se sustenta en la actitud humilde para reconocer las propias limitaciones y los propios dones.

[30] *Ibidem*, 69: *l. c.*, p. 778.

II

PERFIL DE LOS CANDIDATOS
AL DIACONADO PERMANENTE

29. « La historia de toda vocación sacerdotal, como también de toda vocación cristiana, es la historia de un *inefable diálogo entre Dios y el hombre*, entre el amor de Dios que llama y la libertad del hombre que, en el amor, responde a Dios ».[31] Pero junto a la llamada de Dios y a la respuesta del hombre, hay otro elemento constitutivo de la vocación y particularmente de la vocación ministerial: la llamada pública de la Iglesia. « Vocari a Deo dicuntur qui a legitimis Ecclesiæ ministris vocantur ».[32] La expresión no se debe tomar en sentido prevalentemente jurídico, como si fuese la autoridad que llama la que determina la vocación, sino en sentido *sacramental*, que considera a la autoridad que llama como el signo y el instrumento de la intervención personal de Dios, que se realiza con la imposición de las manos. En esta perspectiva, toda *elección* regular expresa una *inspiración* y representa una elección de Dios. El discernimiento de la Iglesia es, por tanto, decisivo para la elección de la vocación; y mucho más, por su significado eclesial, para elegir una vocación al ministerio ordenado.

El discernimiento eclesial

---

[31] *Ibidem*, 36: *l. c.*, pp. 715-716.
[32] *Catechismus ex decreto Concilii Tridentini ad Parochos*, part. II, c. 7, n. 3. Torino 1914, p. 288.

Dicho discernimiento debe realizarse según criterios objetivos, que aprovechen la antigua tradición de la Iglesia y tengan en cuenta las necesidades pastorales actuales. En el discernimiento de las vocaciones al diaconado permanente han de tenerse presentes los requisitos que son de orden general y los que atañen al particular estado de vida de los llamados.

1. Requisitos generales

El perfil trazado por S. Pablo

30. El primer perfil diaconal lo encontramos trazado en la *Primera Carta de San Pablo a Timoteo*: « También los diáconos deben ser dignos, sin doblez, no dados a beber mucho vino ni a negocios sucios; que guarden el Misterio de la fe con una conciencia pura. Primero se les someterá a prueba y después, si fuesen irreprensibles, serán diáconos... Los diáconos sean casados una sola vez y gobiernen bien a sus hijos y su propia casa. Porque los que ejercen bien el diaconado alcanzan un puesto honroso y grande entereza en la fe de Cristo Jesús » (*1 Tim* 3, 8-10.12-13).

Indicaciones de los Padres de la Iglesia

Las cualidades enumeradas por Pablo son prevalentemente humanas, como si quisiera decir que los diáconos podrán ejercer su ministerio sólo si son modelos también humanamente apreciados. Encontramos eco del reclamo de Pablo en otros textos de los Padres Apostólicos, especialmente en la *Didachè* y en S. Policarpo. La *Didachè* exhorta: « Elegíos, pues, obispos y diáconos dignos del Señor, hombres pacíficos, no amantes del dinero, veraces y probados »,[33] y S. Policarpo aconseja: « Por tanto, en presencia de su justicia los diáconos deben ser sin mancha, como ministros de Dios y de Cristo, y no de hombres; no ca-

---

[33] *Didachè*, 15, 1: F. X. FUNK (ed.), *Patres Apostolici*, I, *o. c.*, pp. 32-35.

lumniadores, ni de doble palabra, ni amantes del dinero; tolerantes en todo, misericordiosos, diligentes; procediendo conforme a la verdad del Señor que se hizo servidor de todos».[34]

31. La tradición de la Iglesia ha ido completando y precisando más los requisitos que confirman la autenticidad de una llamada al diaconado. En primer lugar, son los que se requieren para las órdenes en general: «Sólo deben ser ordenados aquellos que... tienen una fe íntegra, están movidos por recta intención, poseen la ciencia debida, gozan de buena fama y costumbres intachables, virtudes probadas y otras cualidades físicas y psíquicas congruentes con el orden que van a recibir».[35]

Requisitos del Código de Derecho Canónico

32. El perfil de los candidatos se completa con algunas cualidades humanas específicas y virtudes evangélicas exigidas por la *diaconía*. Entre las cualidades humanas hay que señalar: la madurez síquica, la capacidad de diálogo y de comunicación, el sentido de responsabilidad, la laboriosidad, el equilibrio y la prudencia. Entre la virtudes evangélicas tienen especial relieve: la oración, la piedad eucarística y mariana, un *sentido de Iglesia* humilde y fuerte, el amor a la Iglesia y a su misión, el espíritu de pobreza, la capacidad de obediencia y de comunión fraterna, el celo apostólico, la servicialidad,[36] la caridad hacia los hermanos.

Cualidades humanas y virtudes evangélicas exigidas por la «diaconía»

---

[34] S. POLICARPO, *Epist. ad Philippenses*, 5, 1-2: F. X. FUNK (ed.), *Patres Apostolici*, I, *o. c.*, pp. 300-302.
[35] *C.I.C.*, can. 1029; cf. can. 1051, 1°.
[36] Cf. PABLO VI, Carta apost. *Sacrum diaconatus ordinem*, II, 8: *l. c.*, p. 700.

33.   Además, los candidatos al diaconado deben integrarse vitalmente en una comunidad cristiana y haber practicado con laudable empeño obras de apostolado.

34.   Pueden provenir de todos los ambientes sociales y ejercer cualquier actividad laboral o profesional a condición de que ésta, según las normas de la Iglesia y del juicio prudente del Obispo, no desdiga del estado diaconal.[37] Además, dicha actividad debe conciliarse en la práctica con los compromisos de formación y el desempeño real del ministerio.

35.   En cuanto a la edad mínima, el *Código de Derecho Canónico* prescribe que « el candidato al diaconado permanente que no esté casado sólo puede ser admitido a este orden cuando haya cumplido al menos venticinco años; quien esté casado, únicamente después de haber cumplido al menos treinta y cinco años ».[38]

Finalmente, los candidatos, deben estar libres de cualquier tipo de irregularidad e impedimento.[39]

---

[37] Cf. *C.I.C.*, can. 285, §§ 1-2; 289; PABLO VI, Carta apost. *Sacrum diaconatus ordinem*, III, 17: *l. c.*, p. 701.

[38] *C.I.C.*, can. 1031, § 2; cf. PABLO VI, Carta apost. *Sacrum diaconatus ordinem*, II, 5; III, 12: *l. c.*, p. 699; 700. El can. 1031, § 3 prescribe que « las Conferencias Episcopales pueden establecer normas por las que se requiera una edad superior ».

[39] Cf. *C.I.C.*, cann. 1040-1042. Las irregularidades (impedimentos perpetuos) enumerados por el can. 1041 son: 1) alguna forma de *amencia* u otra *enfermedad psíquica* por la cual, según el parecer de los peritos, se queda incapacitado para desempeñar rectamente el ministerio; 2) los delitos de *apostasía, herejía* o *cisma*; 3) *el atento de matrimonio*, aun sólo civil; 4) el *homicidio voluntario o aborto procurado*, habiéndose verificado; 5) la *mutilación grave*, personal o a otros, y el *atento de suicidio*; 6) el *ilícito desempeño de actos de orden*. Los impedimentos simples enumerados en el can. 1042 son: 1) el *ejercicio de una actividad inconveniente o extraña al estado clerical*; 2) el *estado de neófito* (salvo parecer contrario del Ordinario).

2. Requisitos correspondientes al estado de vida de los candidatos

a) Célibes

36. « Por ley de la Iglesia, confirmada por el mismo Concilio Ecuménico, aquellos que desde su juventud han sido llamados al diaconado están obligados a observar la ley del celibato ».[40] Es esta una ley particularmente conveniente para el sagrado ministerio, a la que libremente se someten aquellos que han recibido el carisma.

El *« corazón indiviso »*

El diaconado permanente vivido en el celibato da al ministerio algunas singulares connotaciones. La identificación sacramental con Cristo, en efecto, se sitúa en el contexto del *corazón indiviso*, es decir, de una opción esponsal exclusiva, perenne y total del único y supremo Amor; el servicio a la Iglesia puede contar con una total disponibilidad; el anuncio del Reino es favorecido por el testimonio valiente de quien, por ese Reino, ha dejado todo, incluso sus bienes más queridos.

b) Casados

37. « Cuando se trate de hombres casados, es necesario cuidar que sean promovidos al diaconado sólo quienes, después de muchos años de vida matrimonial, hayan demostrado saber dirigir su propia casa, y cuya mujer e hijos lleven una vida verdaderamente cristiana y se distingan por su honesta reputación ».[41]

Experiencia familiar positiva

---

[40] PABLO VI, Carta apost. *Sacrum diaconatus ordinem*, II, 4: *l. c.*, p. 699. Cf. CONC. ECUM. VAT. II, Cost. dogm. *Lumen gentium*, 29.

[41] PABLO VI, Carta apost. *Sacrum diaconatus ordinem*, III, 13: *l. c.*, p. 700.

Consenti-
miento y cua-
lidades de la
esposa

No sólo. Además de la estabilidad de la vida familiar, los candidatos casados no pueden ser admitidos « si no consta, además del consentimiento de la esposa, la probidad de sus costumbres cristianas y que no hay nada en ella, aun en el orden natural, que resulte un impedimento o un deshonor para el ministerio del marido ».[42]

c) *Viudos*

38. « Recibida la ordenación, los diáconos, incluso aquellos promovidos en edad más madura, están inhabilitados para contraer matrimonio, en virtud de la disciplina de la Iglesia ».[43] Esto mismo es válido para los diáconos que han enviudado.[44] Ellos están llamados a dar pruebas de solidez humana y espiritual en su estado de vida.

Además, otra condición para que los candidatos viudos puedan ser admitidos es que hayan provisto o demuestren estar en condiciones de proveer adecuadamente al cuidado humano y cristiano de sus hijos.

d) *Miembros de Institutos de vida consagrada y de Sociedades de vida apostólica*

39. Los diáconos permanentes pertenecientes a Institutos de vida consagrada o a Sociedades de vida

---

[42] *Ibidem*, III, 11: *l. c.*, p. 700. Cf. *C.I.C.*, cann. 1031, § 2; 1050, 3°.

[43] PABLO VI, Carta apost. *Sacrum diaconatus ordinem*, III, 16: *l. c.*, p. 701; Carta apost. *Ad pascendum*, VI: *l. c.*, p. 539; *C.I.C.*, can. 1087.

[44] La Carta Circular Prot. N. 263/97 del 6 de junio de 1997 de la Congregación para el Culto Divino y la Disciplina de los Sacramentos dispone que es suficiente una sola de las siguientes condiciones para obtener la dispensa del impedimento del que habla el can. 1087: el gran beneficio y utilidad del ministerio del diácono viudo para la Iglesia a la que pertenece; la presencia de hijos pequeños necesitados de cuidados maternos; la presencia de padres o de suegros ancianos, con necesidad de asistencia.

apostólica [45] están llamados a enriquecer su ministerio con el carisma particular recibido. Su labor pastoral, en efecto, aun estando bajo la autoridad del Ordinario de lugar,[46] está, también, caracterizada por los rasgos peculiares de su estado de vida religioso o consagrado. Ellos, por tanto, se esforzarán por armonizar la vocación religiosa o consagrada con la ministerial y por ofrecer su peculiar contribución a la misión de la Iglesia.

[45] Cf. PABLO VI, Carta apost. *Sacrum diaconatus ordinem*, VII, 32-35: *l. c.*, pp. 703-704.
[46] Cf. IDEM, Carta apost. *Ecclesiae Sanctae* (6 de agosto de 1966), I, 25, § 1: *AAS* 58 (1966), p. 770.

III

EL ITINERARIO DE LA FORMACIÓN
AL DIACONADO PERMANENTE

1. La presentación de los aspirantes

Las diversas responsabilidades

40. La decisión de comenzar el proceso de formación diaconal podrá ser tomada o por iniciativa del propio aspirante o por una explícita propuesta de la comunidad a la que pertenece el aspirante. En cualquier caso, tal decisión debe ser aceptada y compartida por la comunidad.

El párroco (o el Superior, en el caso de los religiosos) es el que, en nombre de la comunidad, deberá presentar al Obispo (o al Superior Mayor competente) el aspirante al diaconado. Lo hará acompañando la candidatura con la exposición de las razones que la apoyan, y con un *curriculum vitæ* y de pastoral del aspirante.

El Obispo (o el Superior Mayor competente), después de haber consultado al director para la formación y al equipo de formadores, decidirá si admitir o no el aspirante al período propedéutico.

2. El período propedéutico

Los fines

41. Con la admisión entre los aspirantes al diaconado comienza un período propedéutico, que deberá te-

ner una duración conveniente. Es un período en el que se deberá iniciar a los aspirantes en un más profundo conocimiento de la teología, de la espiritualidad y del ministerio diaconales y se les invitará a un discernimiento más atento de su llamada.

42. Responsable del período propedéutico es el director para la formación quien, según los casos, podrá confiar los aspirantes a uno o más tutores. Es de desear que, donde las circunstancias lo permitan, los aspirantes constituyan una comunidad propia, con un ritmo adecuado de encuentros y de oración, y que prevea también momentos comunes con la comunidad de los candidatos. *Los formadores*

El director para la formación cuidará de que cada aspirante sea acompañado por un director espiritual aprobado, y mantendrá contactos con el párroco de cada uno (u otro sacerdote) a fin de programar el tirocinio pastoral. Procurará, también, relacionarse con las familias de los aspirantes casados para cerciorarse de su disposición para aceptar, compartir y acompañar la vocación de su familiar.

43. El programa del período propedéutico, por norma, no debería prever lecciones escolares, sino encuentros de oración, conferencias, momentos de reflexión y de intercambio orientados a favorecer la objetividad del discernimiento vocacional, según un plan bien estructurado. *El programa*

Procúrese, ya en este período, implicar, en cuanto sea posible, a las esposas de los aspirantes.

44. Los aspirantes, a tenor de los requisitos exigidos para el ministerio diaconal, deben ser invitados a realizar un discernimiento libre y responsable, sin dejarse *El discernimiento*

condicionar ni por intereses personales ni por presiones externas de cualquier tipo.[47]

Al término del período propedéutico, el director para la formación, después de haber consultado al equipo de formadores, y teniendo en cuenta todos los datos que posee, presentará al Obispo propio (o al Superior Mayor competente) un informe que refleje los rasgos de la personalidad de los aspirantes y, si se lo piden, también un juicio de idoneidad.

Por su parte, el Obispo (o el Superior Mayor competente) inscribirá entre los candidatos al diaconado sólo a aquellos de los que haya conseguido, sea en virtud de su conocimiento personal, sea por los informes recibidos de los educadores, la certeza moral de idoneidad.

3. El rito litúrgico de admisión de los candidatos al orden del diaconado

Significado del rito

45. La admisión de los candidatos al orden del diaconado se realiza mediante un rito litúrgico particular, « con el cual el que aspira al diaconado o al presbiterado manifiesta públicamente su voluntad de ofrecerse a Dios y a la Iglesia para ejercer el orden sagrado; la Iglesia, por su parte, al recibir este ofrecimiento, lo elige y lo llama para que se prepare a recibir el orden sagrado, y de este modo sea admitido regularmente entre los candidatos al diaconado ».[48]

---

[47] Cf. *C.I.C.*, can. 1026.

[48] PABLO VI, Carta apost. *Ad pascendum*, Introducción; cf. I a): *l. c.*, pp. 537-538. Cf. *C.I.C.*, can. 1034, § 1. El rito de admisión de los candidatos al Orden sagrado se encuentra en el *Pontificale Romanum – De Ordinatione Episcopi, Presbyterorum et Diaconorum*, Appendix, II: *ed. cit.*, pp. 232ss.

46. El Superior competente para esta aceptación es el Obispo propio, o el Superior Mayor para los miembros de un Instituto religioso clerical de derecho pontificio o de una Sociedad clerical de vida apostólica de derecho pontificio.[49]

El Superior competente

47. Por su carácter público y su significado eclesial, el rito debe ser valorado adecuadamente, y celebrado, a ser posible, en día festivo. El aspirante debe prepararse a él con un retiro espiritual.

Celebración en día festivo

48. El rito litúrgico de admisión debe ir precedido de una petición de adscripción entre los candidatos, escrita y firmada manuscrita por el mismo aspirante, y aceptada por escrito por el Obispo propio o Superior Mayor a quien es dirigida.[50]

Petición de adscripción entre los candidatos

La adscripción entre los candidatos al diaconado no da derecho alguno a recibir la ordenación diaconal. Tan solo es un primer reconocimiento oficial de los signos positivos de la vocación al diaconado, que debe ser confirmado durante los siguientes años de formación.

4. El tiempo de la formación

49. Para todos los candidatos, el período de formación debe durar al menos tres años, además del período propedéutico.[51]

Al menos tres años

50. El *Código de Derecho Canónico* prescribe que los candidatos jóvenes reciban su formación « permaneciendo al menos tres años en una residencia destinada

Los candidatos jóvenes

---

[49] Cf. *C.I.C.*, cann. 1016; 1019.
[50] Cf. *Ibidem*, can. 1034, § 1; PABLO VI, Carta apost. *Ad pascendum*, I a): *l. c.*, p. 538.
[51] Cf. *C.I.C.* can. 236 y los artículos 41-44 de la presente *Ratio*.

a esa finalidad, a no ser que el Obispo diocesano por razones graves determine otra cosa ».[52] Para la creación de dichas residencias « los Obispos de una misma nación, o, si fuese necesario, también los de diversas naciones —según las circunstancias— habrán de unir sus esfuerzos. Elíjanse, para dirigirlas, a superiores particularmente idóneos y establézcanse normas esmeradísimas relativas a la disciplina y al ordenamiento de los estudios ».[53] Procúrese que estos candidatos se relacionen con los diáconos de su diócesis de procedencia.

Los candidatos de edad madura

51. Para los candidatos de edad madura, célibes o casados, el *Código de Derecho Canónico* prescribe que reciban su formación « según el plan de tres años establecido por la Conferencia Episcopal ».[54] Este debe llevarse a cabo, donde las circunstancias lo permitan, en el contexto de una viva participación en la comunidad de los candidatos, contando con un calendario concreto de encuentros de oración y de formación y, además, de momentos comunes con la comunidad de los aspirantes.

Para organizar la formación de estos candidatos son posibles varios modelos. A causa de sus compromisos laborales y familiares, los modelos más comunes prevén los encuentros formativos y académicos en las horas de la tarde, durante el fin de semana, en los períodos de vacación, o combinando las diversas posibilidades. Donde los factores geográficos presenten dificultades especiales, se deben pensar otros modelos, que se desarrollen en un pe-

---

[52] *C.I.C.*, can. 236, 1°. Cf. PABLO VI, Carta apost. *Sacrum diaconatus ordinem*, II, 6: *l. c.*, p. 699.
[53] *Ibidem*, II, 7: *l. c.*, p. 699.
[54] *C.I.C.*, can. 236, 2°.

ríodo de tiempo más largo, o se sirvan de los medios modernos de comunicación.

52. Para los candidatos pertenecientes a Institutos de vida consagrada o a Sociedades de vida apostólica, la formación debe darse según las orientaciones de la *ratio* del propio Instituto o Sociedad, o también, aprovechando las estructuras de la diócesis en la que se encuentran los candidatos.

Los candidatos de los Institutos de vida consagrada

53. En los casos en que los itinerarios mencionados no se sigan o sean impracticables, « el aspirante debe ser confiado para su educación a algún sacerdote de eminente virtud que lo tome bajo su cuidado, lo instruya y pueda dar constancia de su prudencia y madurez. Hay que atender, pues, siempre y con diligencia a que sean admitidos a este orden sagrado solamente hombres idóneos y experimentados ».[55]

Itinerarios particulares

54. En todos los casos, el director para la formación (o el sacerdote encargado) vigile para que durante todo el tiempo de formación cada candidato sea fiel a su compromiso de dirección espiritual con el propio director espiritual aprobado. Además, procure acompañar, evaluar, y, si fuera preciso, modificar el tirocinio pastoral de cada uno de los candidatos.

55. El programa de formación, sobre el cual se dará alguna orientación general en el capítulo siguiente, deberá integrar armónicamente las diversas dimensiones formativas (humana, espiritual, teológica y pastoral), estar bien fundamentado teológicamente, tener una específica finalización pastoral y adaptarse a las necesidades y a los planes pastorales locales.

---

[55] PABLO VI, Carta apost. *Sacrum diaconatus ordinem*, III, 15: *l. c.*, p. 701.

Implicación de
la esposa y de
los hijos

56. Se deberá implicar, en las formas que se consideren oportunas, a las esposas y a los hijos de los candidatos casados, y asimismo también a las comunidades de procedencia. En particular, prevéase para las esposas de los candidatos un programa de formación específico, que las prepare a su futura misión de colaboración y de apoyo al ministerio del marido.

5. Colación de los ministerios del lectorado y del acolitado

Significado de
los ministerios

57. « Antes de que alguien sea promovido al diaconado, tanto permanente como transitorio, es necesario que el candidato haya recibido y haya ejercido durante el tiempo conveniente los ministerios de lector y de acólito »,[56] « para prepararse mejor a las futuras funciones de la palabra y del altar ».[57] La Iglesia, en efecto, « considera muy oportuno que los candidatos a las órdenes sagradas, tanto con el estudio como con el ejercicio gradual del ministerio de la palabra y del altar, conozcan y mediten, a través de un íntimo y constante contacto, este doble aspecto de la función sacerdotal. De esta manera resplandecerá con mayor eficacia la autenticidad de su ministerio. Así, de hecho, los candidatos se acercarán a las ordenes sagradas plenamente conscientes de su vocación, « llenos de fervor, decididos a servir al Señor, perseverantes en la oración y generosos en ayudar en las necesidades de los santos » (*Rm* 12, 11-13) ».[58]

---

[56] *C.I.C.*, can. 1035, § 1.

[57] Pablo VI, Carta apost. *Ad pascendum*, II: *l. c.*, p. 539; Carta Apost. *Ministeria quaedam* (15 de agosto de 1972), XI: *AAS* 64 (1972), p. 533.

[58] Idem, Carta apost. *Ad pascendum*, Introducción: *l. c.*, p. 538.

La identidad de estos ministerios y su importancia pastoral están señaladas en la Carta apostólica *Ministeria quaedam*, a la que remitimos.

58. Los aspirantes al lectorado y al acolitado, por sugerencia del director para la formación, dirigirán una petición de admisión, libremente escrita y firmada, al Ordinario (el Obispo o el Superior Mayor), al que compete aceptarla.[59] Realizada la aceptación, el Obispo o el Superior Mayor procederá a conferir los ministerios, según el rito del *Pontifical Romano*.[60]

Petición de admisión

59. Entre la colación del lectorado y del acolitado, es oportuno que transcurra cierto período de tiempo para que el candidato pueda ejercer el ministerio recibido.[61] « Entre el acolitado y el diaconado debe haber un espacio por lo menos de seis meses ».[62]

Los intersticios

6. La ordenación diaconal

60. Al finalizar el período formativo, el candidato que, de acuerdo con el director para la formación, crea reunir los requisitos necesarios para ser ordenado, puede dirigir al propio Obispo o al Superior Mayor competente « una declaración redactada y firmada de su puño y letra, en la que haga constar que va a recibir el orden espontánea y libremente, y que se dedicará de modo perpetuo al ministerio eclesiástico,

La declaración y la petición de admisión

---

[59] Cf. IDEM, Carta apost. *Ministeria quaedam*, VIII a): *l. c.*, p. 533.
[60] Cf. *Pontificale Romanum – De Institutione Lectorum et Acolythorum*, Editio typica, Typis Polyglottis Vaticanis 1972.
[61] Cf. PABLO VI, Carta apost. *Ministeria quaedam*, X: *l. c.*, p. 533; Carta apost. *Ad pascendum*, IV: *l. c.*, p. 539.
[62] *C.I.C.*, can. 1035, § 2.

al mismo tiempo que solicita ser admitido al orden que aspira a recibir ».[63]

61. Junto con esta petición el candidato debe entregar los certificados de bautismo, de confirmación, de haber recibido los ministerios a los que se refiere el can. 1035 y de haber realizado regularmente los estudios prescritos por el can. 1032.[64] Si el ordenando que debe ser promovido está casado, debe presentar, además, los certificados de matrimonio y del consentimiento de su mujer.[65]

62. Recibida la solicitud del ordenando, el Obispo (o el Superior Mayor competente) comprobará su idoneidad mediante un diligente escrutinio. Ante todo examinará el informe que el director para la formación debe presentarle sobre « las cualidades necesarias (en el ordenando) para recibir el orden, es decir, doctrina recta, piedad sincera, buenas costumbres y aptitud para ejercer el ministerio; e igualmente, después de la investigación oportuna, hará constar su estado de salud física y psíquica ».[66] El Obispo diocesano o el Superior Mayor « para que la investigación sea realizada convenientemente puede emplear otros medios que le parezcan útiles, atendiendo a las circunstancias de tiempo y de lugar, como son las cartas testimoniales, las proclamas u otras informaciones ».[67]

El Obispo o el Superior mayor competente, tras haber comprobado la idoneidad del candidato y ha-

---

[63] *Ibidem*, can. 1036. Cf. PABLO VI, Carta apost. *Ad pascendum*, V: *l. c.*, p. 539.
[64] Cf. *C.I.C.*, can. 1050.
[65] Cf. *Ibidem*, cann. 1050, 3°; 1031, § 2.
[66] *Ibidem*, can. 1051, 1°.
[67] *Ibidem*, can. 1051, 2°.

berse asegurado de que conoce debidamente las nuevas obligaciones que asume,[68] lo promoverá al orden del diaconado.

63. Antes de la ordenación, el candidato célibe debe asumir públicamente la obligación del celibato, según la ceremonia prescrita;[69] a esto está también obligado el candidato perteneciente a un Instituto de vida consagrada o a una Sociedad de vida apostólica que haya emitido los votos perpetuos, u otras formas de compromiso definitivo, en el Instituto o Sociedad.[70] Todos los candidatos están obligados a hacer personalmente, antes de la ordenación, la profesión de fe y el juramento de fidelidad, según las fórmulas aprobadas por la Sede Apostólica, en presencia del Ordinario del lugar o de su delegado.[71]

Obligación del celibato para los candidatos célibes

64. « Cada uno sea ordenado... para el diaconado por el propio Obispo o con legítimas dimisorias del mismo ».[72] Si el promovido pertenece a un Instituto religioso clerical de derecho pontificio o a una Sociedad clerical de vida apostólica de derecho pontificio compete al Superior Mayor concederle las cartas dimisorias.[73]

La ordenación

---

[68] Cf. *Ibidem*, can. 1028. Para las obligaciones que los ordenandos asumen con el diaconado, cf. cánones 273-289. Para los diáconos casados se debe añadir el impedimento a contraer nuevas nupcias (cf. can. 1087).

[69] Cf. *Ibidem*, can. 1037; PABLO VI, Carta apost. *Ad pascendum*, VI: *l. c.*, p. 539.

[70] Cf. *Pontificale Romanum – De Ordinatione Episcopi, Presbyterorum et Diaconorum*, n. 177: *ed. cit.*, p. 101.

[71] Cf. *C.I.C.*, can. 833, 6°; CONGREGACIÓN PARA LA DOCTRINA DE LA FE, *Professio fidei et Iusiurandum fidelitatis in suscipiendo officio nomine Ecclesiae exercendo*: AAS 81 (1989), pp. 104-106; 1169.

[72] *C.I.C.*, can. 1015, § 1.

[73] Cf. *Ibidem*, can. 1019.

65.   La ordenación, realizada según el rito del *Pontifical Romano*,[74] debe celebrarse, de preferencia, dentro de una Misa solemne en domingo o en una fiesta de precepto, y generalmente en la catedral.[75] Los ordenandos « deben hacer ejercicios espirituales, al menos durante cinco días, en el lugar y de la manera que determine el Ordinario ».[76] Durante el rito dése un realce especial a la participación de las esposas y de los hijos de los ordenandos casados.

---

[74] *Pontificale Romanum – De Ordinatione Episcopi, Presbyterorum et Diaconorum*, cap. III, *De Ordinatione Diaconorum*: *ed. cit.*, pp. 100-142.
[75] Cf. *C.I.C.*, cann. 1010-1011.
[76] *Ibidem*, can. 1039.

IV

LAS DIMENSIONES
DE LA FORMACIÓN
DE LOS DIÁCONOS PERMANENTES

1. Formación humana

66. La formación humana tiene por fin modelar la personalidad de los sagrados ministros de manera que sirvan de « puente y no de obstáculo a los demás en el encuentro con Jesucristo Redentor del hombre ».[77] Por tanto, deben ser educados para adquirir y perfeccionar una serie de cualidades humanas que les permitan ganarse la confianza de la comunidad, ejercer con serenidad el servicio pastoral y facilitar el encuentro y el diálogo.

Análogamente a cuanto la *Pastores dabo vobis* señala para la formación de los sacerdotes, también los candidatos al diaconado deberán ser educados « a amar la verdad, la lealtad, el respeto a la persona, el sentido de la justicia, la fidelidad a la palabra dada, la verdadera compasión, la coherencia y, en particular, al equilibrio de juicio y de comportamiento ».[78]

Formación en las virtudes humanas

67. De particular importancia para los diáconos, llamados a ser hombres de comunión y de servicio, es la capacidad para relacionarse con los demás. Esto

Capacidad de relación con los demás

---

[77] JUAN PABLO II, Ex. apost. postsinodal *Pastores dabo vobis*, 43: *l. c.*, 732.
[78] *Ibidem*: *l. c.*, pp. 732-733.

exige que sean afables, hospitalarios, sinceros en sus palabras y en su corazón, prudentes y discretos, generosos y disponibles para el servicio, capaces de ofrecer personalmente y de suscitar en todos relaciones leales y fraternas, dispuestos a comprender, perdonar y consolar.[79] Un candidato que fuese excesivamente encerrado en sí mismo, huraño e incapaz de mantener relaciones normales y serenas con los demás, debería hacer una profunda conversión antes de poder encaminarse decididamente por la vía del servicio ministerial.

Madurez afectiva

68. En la base de la capacidad de relación con los demás está la madurez afectiva, que deben alcanzar con un amplio margen de seguridad tanto el candidato célibe como el casado. Dicha madurez supone en ambos tipos de candidatos el descubrimiento de la centralidad del amor en la propia existencia y la lucha victoriosa sobre el propio egoísmo. En realidad, como escribe el Papa Juan Pablo II en la Encíclica *Redemptor hominis* « el hombre no puede vivir sin amor. El permanece para sí mismo un ser incomprensible, su vida está privada de sentido si no se le revela el amor, si no se encuentra con el amor, si no lo experimenta y lo hace propio, si no participa en él vivamente ».[80] Se trata de un amor, dice el Papa en la *Pastores dabo vobis*, que compromete a toda la persona, a nivel físico, psíquico y espiritual y que exige, por tanto, pleno dominio de la sexualidad, que debe ser verdadera y plenamente personal.[81]

Para los candidatos célibes, vivir el amor significa ofrecer la totalidad del propio ser, de las propias

[79] Cf. *Ibidem*: *l. c.*, p. 733.

[80] IDEM, Carta enc. *Redemptor hominis* (4 de marzo de 1979), 10: *AAS* 71 (1979), p. 274.

[81] Cf. IDEM, Ex. apost. postsinodal *Pastores dabo vobis*, 44: *l. c.*, p. 734.

energías y de la propia solicitud a Jesucristo y a la Iglesia. Es una vocación comprometedora, que debe tener en cuenta las inclinaciones de la afectividad y los impulsos del instinto, y que, por tanto, necesita de renuncia y de vigilancia, de oración y de fidelidad a una regla de vida bien precisa. Una ayuda decisiva puede venir de la existencia de verdaderas amistades, que representan una valiosa ayuda y un providencial apoyo para vivir la propia vocación.[82]

Para los candidatos casados, vivir el amor significa entregarse a sí mismo a la propia esposa, en una pertenencia recíproca, con un vínculo total, fiel e indisoluble, a imagen del amor de Cristo a su Iglesia; significa al mismo tiempo acoger a los hijos, amarlos y educarlos, e irradiar la comunión familiar a toda la Iglesia y a toda la sociedad. Es una vocación puesta hoy a dura prueba por la preocupante degradación de algunos valores fundamentales y por la exaltación del hedonismo y de un falso concepto de libertad. Para ser vivida en su plenitud, la vocación a la vida familiar debe ser alimentada por la oración, por la liturgia y por el diario ofrecimiento de sí mismo.[83]

69. Condición para una verdadera madurez humana es la formación para una libertad que se presenta como obediencia a la verdad del propio ser. « Entendida así, la libertad exige que la persona sea verdaderamente dueña de sí misma, decidida a combatir y superar las diversas formas de egoísmo e individualismo que acechan a la vida de cada uno, dispuesta a abrirse a los demás, generosa en la entrega y en el servicio del prójimo ».[84] La formación para la libertad in-

Educación para la libertad

---

[82] Cf. **Ibidem**: *l. c.*, pp. 734-735.
[83] Cf. IDEM, Ex. apost. *Familiaris consortio* (22 de noviembre de 1981): *AAS* 74 (1982), pp. 81-191.
[84] IDEM, Ex. apost. postsinodal *Pastores dabo vobis*, 44: *l. c.*, p. 735.

cluye también la educación de la conciencia moral, que prepara a escuchar la voz de Dios en lo profundo del corazón y a adherirse firmemente a su voluntad.

70. Estos múltiples aspectos de la madurez humana —cualidades humanas, capacidad para relacionarse, madurez afectiva, formación para la libertad y educación de la conciencia moral— deberán tomarse en consideración teniendo en cuenta la edad y la formación que ya poseen los candidatos y ser planificados con programas personalizados. El director para la formación y el tutor intervendrán en la parte que les compete; el director espiritual no dejará de tomar en consideración estos aspectos y comprobarlos en los coloquios de dirección espiritual. Son útiles, también, encuentros y conferencias que ayuden a la revisión personal y motiven a alcanzar la madurez. La vida comunitaria —aunque organizada de diversas formas— constituirá un ambiente privilegiado para el examen y la corrección fraterna. En los casos en que a juicio de los formadores fuese necesario, se podrá recurrir, con el consentimiento de los interesados, a una consulta sicológica.

2. Formación espiritual

71. La formación humana se abre y se completa en la formación espiritual, que constituye el corazón y el centro unificador de toda formación cristiana. Su fin es promover el desarrollo de la nueva vida recibida en el Bautismo.

Cuando un candidato inicia el itinerario de formación diaconal, generalmente ya ha vivido una cierta experiencia de vida espiritual como, por ejemplo, el reconocimiento de la acción del Espíritu, la escucha y meditación de la Palabra de Dios, el gusto por la oración, el compromiso de servir a los hermanos, la disposición al sacrificio, el sentido de Iglesia, el celo apostólico. Además, según su estado de vida, posee ya una espiritualidad bien precisa: familiar, de consagración en el mundo o en la vida religiosa. La formación espiritual del futuro diácono, por tanto, no podrá ignorar esta experiencia adquirida, pero deberá verificarla y reforzarla, para insertar en ella los rasgos específicos de la espiritualidad diaconal.

72. El elemento que caracteriza particularmente la espiritualidad diaconal es el descubrimiento y la vivencia del amor de Cristo siervo, que vino no para ser servido, sino para servir. Por tanto, se ayudará al candidato a que adquiera aquellas actitudes que, aunque no en forma exclusiva, son específicamente diaconales, como la sencillez de corazón, la donación total y gratuita de sí mismo, el amor humilde y servicial para con los hermanos, sobre todo para con los más pobres, enfermos y necesitados, la elección de un estilo de vida de participación y de pobreza. María, la *sierva del Señor*, esté presente en este camino y sea invocada con el rezo diario del Rosario, como madre y auxiliadora.

Descubrir y compartir el amor de Cristo siervo

73. La fuente de esta nueva capacidad de amor es la Eucaristía que, no casualmente, caracteriza el ministerio del diácono. El servicio a los pobres es la prolongación lógica del servicio al altar. Se invitará, por tanto, al candidato a participar diariamente, o al menos con frecuencia, dentro de sus obligaciones familiares y profesionales, en la celebración eucarística, y se le ayudará a que profundice cada vez más el misterio. En el ámbito de esta espiritualidad eucarística procúrese valorar adecuadamente el sacramento de la Penitencia.

La Eucaristía

La Palabra de Dios 74. Otro elemento que distingue la espiritualidad diaconal es la Palabra de Dios, de la que el diácono está llamado a ser mensajero cualificado, creyendo lo que proclama, enseñando lo que cree, viviendo lo que enseña.[85] El candidato deberá, por tanto, aprender a conocer la Palabra de Dios cada vez más profundamente y a buscar en ella el alimento constante de su vida espiritual, mediante el estudio detenido y amoroso y la práctica diaria de la *lectio divina*.

La oración de la Iglesia 75. No deberá faltar, además, la introducción a la oración de la Iglesia. Orar, en efecto, en nombre de la Iglesia y por la Iglesia forma parte del ministerio del diácono. Esto exige una reflexión sobre la originalidad de la oración cristiana, y sobre el sentido de la Liturgia de las Horas, pero, sobre todo, la iniciación práctica en ella. A tal fin, es importante que en todos los encuentros entre los futuros diáconos se reserve un tiempo consagrado a esta oración.

La obediencia 76. El diácono, en fin, encarna el carisma del servicio como participación en el ministerio eclesiástico. Esto tiene repercusiones importantes para su vida espiritual, que deberá caracterizarse por las notas de la obediencia y de la comunión fraterna. Una auténtica formación para la obediencia, lejos de perjudicar los dones recibidos con la gracia de la ordenación, garantizará al impulso apostólico la autenticidad eclesial. La comunión con los hermanos ordenados, presbíteros y diáconos es, a su vez, un bálsamo que sostiene y estimula la generosidad en el ministerio. El candidato deberá, por lo tanto, ser formado en el sentido de pertenencia al cuerpo de los ministros ordenados, en la

---

[85] Cf. la entrega del libro de los Evangelios, en *Pontificale Romanum – De ordinatione Episcopi, Presbyterorum et Diaconorum*, n. 210: *ed. cit.*, p. 125.

colaboración fraterna con ellos y en la condivisión espiritual.

77. Medios para esta formación son los retiros mensuales y los ejercicios espirituales anuales; las instrucciones programadas según un plan orgánico y progresivo, que tenga en cuenta las diversas etapas de la formación; el acompañamiento espiritual, que debe poder ser asiduo. Misión particular del director espiritual es ayudar al candidato a discernir los signos de su vocación, a vivir en una actitud de conversión continua, a adquirir los rasgos propios de la espiritualidad diaconal, alimentándose en los escritos de la espiritualidad clásica y de los santos, y a realizar una síntesis armónica entre el estado de vida, la profesión y el ministerio.

Medios

78. Provéase, además, para que las esposas de los candidatos casados crezcan en el conocimiento de la vocación del marido y de su propia misión junto a él. Para ello, invíteselas a participar regularmente en los encuentros de formación espiritual.

Igualmente se procurará llevar a cabo iniciativas apropiadas para sensibilizar a los hijos al ministerio diaconal.

Involucración de las esposas y de los hijos

3. Formación doctrinal

79. La formación intelectual es una dimensión necesaria de la formación diaconal, en cuanto ofrece al diácono un alimento substancioso para su vida espiritual, y un precioso instrumento para su ministerio. Ella es particularmente urgente hoy ante el desafío de la nueva evangelización a la que está llamada la Iglesia en este difícil cambio de milenio. La indiferencia religiosa, la confusión de los valo-

res, la pérdida de convergencias éticas, el pluralismo cultural, exigen que aquellos que están comprometidos en el ministerio ordenado posean una formación amplia y profunda.

En la Carta circular de 1969 *Come è a conoscenza* la Congregación para la Educación Católica invitaba a las Conferencias Episcopales a que elaborasen un programa de formación doctrinal para los candidatos al diaconado que tuviera en cuenta las diferentes situaciones personales y eclesiales, y que excluyera al mismo tiempo, absolutamente « una preparación apresurada o superficial, porque las tareas de los diáconos, según lo establecido en la Constitución *Lumen gentium* (n. 29) y en el Motu propio (n. 22),[86] son de tal importancia que exigen una formación sólida y eficiente ».

Criterios 80. Dicha formación se ha de organizar según los siguientes criterios:

a) la necesidad de que el diácono sea capaz de dar razón de su fe y adquiera una fuerte conciencia eclesial;

b) la preocupación de que sea formado para los deberes específicos de su ministerio;

c) la importancia de que adquiera la capacidad para enjuiciar las situaciones, y para realizar una adecuada inculturación del Evangelio;

d) la utilidad de que conozca técnicas de comunicación y de animación de reuniones, como también de que sepa expresarse en público y de que esté en condiciones de guiar y aconsejar.

---

[86] Se trata de la Carta apost. de PABLO VI, *Sacrum diaconatus ordinem*, n. 22: *l. c.*, pp. 701-702.

81. Teniendo en cuenta los anteriores criterios, los contenidos que se deberán tener en consideración son: [87]

a) la introducción a la Sagrada Escritura y a su correcta interpretación; la teología del Antiguo y del Nuevo Testamentos; la interrelación entre Escritura y Tradición; el uso de la Escritura en la predicación, en la catequesis y, en general, en la actividad pastoral;

b) la iniciación al estudio de los Padres de la Iglesia, y a un primer contacto con la historia de la Iglesia;

c) la teología fundamental, con el conocimiento de las fuentes, de los temas y de los métodos de la teología, la exposición de las cuestiones relativas a la Revelación y el planteamiento de la relación entre fe y razón, que prepara a los futuros diáconos para explicar la racionalidad de la fe;

d) la teología dogmática, con sus diversos apartados: trinitaria, creación, cristología, eclesiología y ecumenismo, mariología, antropología cristiana, sacramentos (especialmente la teología del ministerio ordenado), escatología;

e) la moral cristiana, en sus dimensiones personales y sociales y, en particular, la doctrina social de la Iglesia;

f) la teología espiritual;

g) la liturgia;

h) el derecho canónico.

Según las situaciones y las necesidades, el programa de estudios se completará con otras materias como el estudio de las otras religiones, el conjunto

---

[87] Cf. CONGREGACIÓN PARA LA EDUCACIÓN CATÓLICA, Carta circ. *Come è a conoscenza* (16 de julio de 1969), p. 2.

de las cuestiones filosóficas, la profundización de ciertos problemas económicos y políticos.[88]

Institutos de ciencias religiosas o centros análogos

82. Para la formación teológica aprovéchense, donde sea posible, los Institutos de ciencias religiosas ya existentes u otros Institutos de formación teológica. Donde sea necesario crear centros especiales para la formación teológica de los diáconos, hágase de tal modo que el número de horas de lecciones, impartidas a lo largo del trienio, no sea inferior a mil. Al menos los cursos fundamentales se concluirán con un examen, y el trienio con uno final complexivo.

Formación básica

83. Para acceder a este programa de formación debe exigirse una formación básica previa, cuya amplitud dependerá del nivel cultural del País.

Formación permanente

84. Los candidatos deben estar dispuestos a continuar su formación aún después de la ordenación. A tal fin, anímeseles a formar una pequeña biblioteca personal de orientación teológico-pastoral y a seguir los programas de formación permanente.

4. Formación pastoral

85. En sentido amplio, la formación pastoral coincide con la espiritual: es la formación para la identificación cada vez más plena con la diaconía de Cristo. Tal actitud debe presidir la articulación de la diversas dimensiones formativas, integrándolas en la perspectiva de la vocación diaconal, que consiste en ser sacramento de Cristo, siervo del Padre.

[88] Cf. *Ibidem*, p. 3.

En sentido estricto, la formación pastoral se realiza con el estudio de una disciplina teológica específica, y con un tirocinio práctico.

86. La disciplina teológica se llama *teología pastoral*. Esta es « una reflexión científica sobre la Iglesia en su vida diaria, con la fuerza del Espíritu, a través de la historia; una reflexión sobre la Iglesia como « sacramento de salvación », como signo e instrumento vivo de la salvación de Jesucristo en la Palabra, en los Sacramentos y en el servicio de la caridad ».[89] El fin de esta disciplina es, pues, el estudio de los principios, de los criterios y de los métodos que orientan la acción apostólico-misionera de la Iglesia en la historia.

La « teología pastoral »

La *teología pastoral* programada para los diáconos prestará especial atención a los *campos* eminentemente diaconales, como:

a) la praxis litúrgica: administración de los sacramentos y de los sacramentales, el servicio del altar;

b) la proclamación de la Palabra en los varios contextos del servicio ministerial: kerigma, catequesis, preparación a los sacramentos, homilía;

c) el compromiso de la Iglesia por la justicia social y la caridad;

d) la vida de la comunidad, en particular, la animación de agrupaciones familiares, pequeñas comunidades, grupos, movimientos, etc.

También serán útiles ciertos conocimientos técnicos, que preparen a los candidatos para actividades ministeriales específicas, como la sicología, la homiléti-

---

[89] JUAN PABLO II, Ex. apost. postsinodal *Pastores dabo vobis*, 57: *l. c.*, p. 758.

ca, el canto sagrado, la administración eclesiástica, la informática, etc.[90]

El tirocinio práctico

87. En concomitancia (y posiblemente en conexión) con la enseñanza de la teología pastoral se debe prever para cada candidato un tirocinio práctico, que le permita conocer sobre el terreno cuanto ha aprendido en el estudio. Dicho tirocinio debe ser gradual, variado y evaluado continuamente. En la elección de las actividades ténganse en cuenta los ministerios conferidos, y evalúese su ejercicio.

Cuídese de que los candidatos se integren activamente en la actividad pastoral diocesana, y de que tengan periódicos intercambios de experiencias con los diáconos ya comprometidos en el ministerio activo.

Sensibilidad misionera

88. Además, se ha de procurar que los futuros diáconos adquieran una fuerte sensibilidad misionera. En efecto, también ellos, como los presbíteros, reciben con la sagrada ordenación un don espiritual que los dispone para una misión universal, hasta los extremos de la tierra (cf. *He* 1, 8).[91] Ayúdeseles, pues, a adquirir una viva conciencia de esta su identidad misionera, y prepáreseles para hacerse cargo del anuncio de la verdad también a los no cristianos, especialmente a sus conciudadanos. Pero tampoco falte la perspectiva de la misión *ad gentes*, si las circunstancias lo requiriesen y permitieran.

---

[90] Cf. Congregación para la Educación Católica, Carta circ. *Come è a conoscenza*, p. 3.
[91] Cf. Conc. Ecum. Vat. II, Decr. *Presbyterorum ordinis*, 10; Decr. *Ad gentes*, 20.

CONCLUSIÓN

89. La *Didascalia Apostolorum* recomienda a los diáconos de los primeros siglos: « Como nuestro Salvador y Maestro ha dicho en el Evangelio: *aquel que quiera ser grande entre vosotros, sea vuestro siervo, como el Hijo del Hombre que no ha venido a que le sirvan sino para servir y dar su vida para el rescate de muchos*, vosotros, diáconos, debéis hacer lo mismo, aunque esto comporte el dar la vida por vuestros hermanos, por el servicio que debéis cumplir ».[92] Es ésta una invitación actualísima también para aquellos que hoy se sienten llamados al diaconado, que los cuestiona para prepararse con gran empeño a su futuro ministerio.

90. Las Conferencias Episcopales y los Ordinarios de todo el mundo, a quienes va dirigido este documento, procuren hacerlo objeto de atenta reflexión en comunión con sus sacerdotes y sus comunidades. Será un importante punto de referencia para las Iglesias en las que el diaconado permanente es una realidad viva y efectiva; y para las demás una invitación eficaz a apreciar el servicio diaconal como un precioso don del Espíritu Santo.

---

[92] *Didascalia Apostolorum*, III, 13 (19), 3: F. X. FUNK (ed.), *Didascalia et Constitutiones Apostolorum*, I, *o.c.*, pp. 214-215.

El Sumo Pontífice Juan Pablo II ha aprobado y ordenado publicar esta « Ratio fundamentalis institutionis diaconorum permanentium ».

Roma, desde el Palacio de las Congregaciones, 22 de febrero, fiesta de la Cátedra de San Pedro, de 1998.

PÍO Card. LAGHI
Prefecto

✠ JOSÉ SARAIVA MARTINS
Arz. tit. de Tubúrnica
Secretario

CONGREGACIÓN PARA EL CLERO

DIRECTORIUM PRO MINISTERIO ET VITA DIACONORUM PERMANENTIUM

DIRECTORIO
PARA EL MINISTERIO Y LA VIDA
DE LOS DIÁCONOS PERMANENTES

1

EL ESTATUTO JURÍDICO DEL DIÁCONO

El diácono ministro sagrado

1. El diaconado tiene su origen en la consagración y en la misión de Cristo, de las cuales el diácono está llamado a participar.[1] Mediante la imposición de las manos y la oración consecratoria es constituído ministro sagrado, miembro de la jerarquía. Esta condición determina su estatuto teológico y jurídico en la Iglesia.

La incardinación

2. En el momento de la admisión todos los candidatos deberán expresar claramente y por escrito la intención de servir a la Iglesia[2] durante toda la vida en una determinada circunscripción territorial o personal, en un Instituto de Vida Consagrada, en un Sociedad de Vida apostólica, que tengan la facultad de incardinar.[3] La aceptación escrita de tal petición está reservada a quien tenga la facultad de incardinar, y determina quien es el superior del candidato.[4]

Vínculo eclesial y ministerial

La incardinación es un vínculo jurídico, que tiene valor eclesiológico y espiritual en cuanto que expresa la dedicación ministerial del diácono a la Iglesia.

---

[1] Cf. CONC. ECUM. VAT. II, Const. dogm. *Lumen gentium*, 28a.
[2] Cf. *C.I.C.*, can. 1034, 1; PABLO VI, Cart. ap. *Ad pascendum*, I, a: *l.c.*, 538.
[3] Cf. *C.I.C.*, cann. 265-266.
[4] Cf. *C.I.C.*, cann. 1034, § 1; 1016; 1019. Cost. ap. *Spirituali militum curae*, VI, §§ 3-4; *C.I.C., Can.* 295, § 1.

3. Un diácono ya incardinado en una circunscripción eclesiástica, puede ser incardinado en otra
circunscripición a norma del derecho.[5]

El diácono que, por justos motivos, desea ejercer
el ministerio en una diócesis diversa de aquella de la
incardinación, debe obtener la autorización escrita de
los dos obispos.

Los obispos favorezcan a los diáconos de su diócesis, que desean ponerse a disposición de las Iglesias,
que sufren por la escasez de clero, sea en forma definitiva, sea por tiempo determinado, y, en particular, a
aquellos que piden dedicarse, previa una específica y
cuidadosa preparación, para la misión *ad gentes*. Las
necesarias relaciones serán reguladas con un adecuado
acuerdo entre los obispos interesados.[6]

Es deber del obispo seguir con particular solicitud
a los diáconos de su diócesis.[7] Él se dirigirá con especial premura, proveyendo personalmente o mediante
un sacerdote delegado suyo, hacia aquellos que, por
su situación, se encuentren en especiales dificultades.

Diáconos de
un Instituto
de Vida
consagrada o
de una
Sociedad
de Vida
apostólica

4. El diácono incardinado en un Instituto de Vida
Consagrada o en una Sociedad de Vida Apostólica,
ejercerá su ministerio bajo la potestad del obispo en
todo aquello que se refiere al cuidado pastoral, al
ejercicio público del culto divino y a las obras de
apostolado, quedando también sujeto a los propios
superiores, según su competencia y manteniéndose fiel
a la disciplina de la comunidad de referencia.[8] En caso de traslado a otra comunidad de diversa diócesis,
el superior deberá presentar el diácono al Ordinario

---

[5] Cf. *C.I.C.*, cann. 267-268, § 1.
[6] Cf. *C.I.C.*, can. 271.
[7] Cf. PABLO VI, Carta Ap. *Sacrum Diaconatus ordinem*, VI, 30: *l.c.*,
703.
[8] Cf. *C.I.C.*, can. 678, 1-3; 715; 738; cf. también PABLO VI, Carta
Ap. *Sacrum Diaconatus Ordinem*, VII, 33-35: *l.c.*, 704.

con el fin de obtener de éste la licencia para el ejercicio del ministerio, según la modalidad que ellos mismos determinarán con sabio acuerdo.

5.   La vocación específica del diaconado permanente supone la estabilidad en este orden. Por tanto, un eventual paso al presbiterado de diáconos no casados o que hayan quedado viudos será una rarísima excepción, posible sólo cuando especiales y graves razones lo sugieran. La decisión de admisión al Orden del Presbiterado corresponde al propio obispo diocesano, si no hay otros impedimentos reservados a la Santa Sede.[9] Sin embargo, dada la excepcionalidad del caso, es oportuno que él consulte previamente a la Congregación para la Educación Católica respecto a lo que se refiere al programa de preparación intelectual y teológica del cadidato y la Congregación para el Clero acerca el programa de preparación pastoral y las actitudes del diácono al ministerio presbiteral.

Eventual paso al presbiterado

Fraternidad sacramental

6.   Los diáconos, en virtud del orden recibido, están unidos entre sí por la hermandad sacramental. Todos ellos actúan por la misma causa: la edificación del Cuerpo de Cristo, bajo la autoridad del obispo, en comunión con el Sumo Pontífice.[10] Siéntase cada diácono ligado a sus hermanos con el vínculo de la caridad, de la oración, de la obediencia al propio obispo, del celo ministerial y de la colaboración.

Es bueno que los diáconos, con el consentimiento del obispo y en presencia del obispo mismo o de su delegado, se reúnan periódicamente para verificar el

[9] Cf. SECRETARÍA DE ESTADO, Carta al Cardenal prefecto de la Congregación para el Culto Divino y la Disciplina de los Sacramentos, Prot. N. 122.735, del 3 de enero de 1984.
[10] Cf. CONC. VAT. II Decr. *Christus Dominus*, n. 15; PABLO VI, Carta ap. *Sacrum Diaconatus Ordinem*, 23: *l.c.,* 702.

ejercicio del propio ministerio, intercambiar experiencias, proseguir la formación, estimularse recíprocamente en la fidelidad.

Estos encuentros entre diáconos permanentes pueden constituir un punto de referencia también para los candidatos a la ordenación diaconal.

Corresponde al obispo del lugar alimentar en los diáconos que trabajan en la diócesis un «espíritu de comunión», evitando la formación de aquel «corporativismo», que influyó en la desaparición del diaconado permanente en los siglos pasados.

Obligaciones y derechos

7. El estatuto del diácono comporta también un conjunto de obligaciones y derechos específicos, a tenor de los cann. 273-283 del *Código de Derecho Canónico,* que se refieren a las obligaciones y a los derechos de los clérigos, con las peculiaridades allí previstas para los diáconos.

Obediencia *y disponibilidad* 8. El rito de la ordenación del diácono prevé la promesa de obediencia al obispo: «¿Prometes a mí y mis sucesores filial respeto y obediencia?».[11]

El diácono, prometiendo obediencia al obispo, asume como modelo a Jesús, obediente por excelencia (cf. *Fil* 2, 5-11), sobre cuyo ejemplo caracterizará la propia obediencia en la escucha (cf. *Heb* 10, 5ss; *Jn* 4, 34) y en la radical disponibilidad (cf. *Lc* 9, 54ss; 10, 1ss).

Él, por esto, se compromete sobre todo con Dios a actuar en plena conformidad a la voluntad del Padre; al mismo tiempo se compromete también con la

---

[11] *Pontificale Romanum - De Ordinatione Episcopi, Presbyterorum et Diaconorum,* n. 201 Ed. typica altera, Typis Vaticanis, 1990, p. 110; cf. también *C.I.C.,* can. 273.

Iglesia, que tiene necesidad de personas plenamente disponibles.[12] En la plegaria y en el espíritu de oración del cual debe estar penetrado, el diácono profundizará diariamente el don total de sí, como ha hecho el Señor «hasta la muerte y muerte de cruz» (*Fil* 2,8).

Esta visión de la obediencia predispone a la acogida de las concretas obligaciones asumidas por el diácono con la promesa hecha en la ordenación, según cuanto está previsto por la ley de la Iglesia: «Los clérigos, si no les exime un impedimento legítimo, están obligados a aceptar y desempeñar fielmente la tarea que les encomiende su ordinario».[13]

El fundamento de la obligación está en la participación misma en el ministerio episcopal, conferida por el sacramento del Orden y por la misión canónica. El ámbito de la obediencia y de la disponibilidad está determinado por el mismo ministerio diaconal y por todo aquello que tiene relación objetiva, directa e inmediata con él.

Al diácono, en el decreto en que se le confiere el oficio, el obispo le atribuirá las tareas correspondientes a sus capacidades personales, a la condición celibataria o familiar, a la formación, a la edad, a las as-

---

[12] «...Quien estuviese dominado por una mentalidad de contestación, o de oposición a la autoridad, no podría cumplir adecuadamente las funciones diaconales. El diaconado no puede ser conferido sino a aquellos que creen en el valor de la misión pastoral del obispo y del presbítero, y en la asistencia del Espíritu Santo que les guía en su actividad y en sus decisiones. En particular se insiste en que el diácono debe «profesar al obispo reverencia y obediencia»... el servicio del diácono está dirigido, después, a la propia comunidad cristiana y a toda la Iglesia, hacia la cual debe cultivar una profunda adhesión, por motivo de su misión y de su institución divina» (JUAN PABLO II, *Catequesis* en la audiencia general del 20 octubre 1993, n. 2: «L'Osservatore Romano», 21 octubre 1993, n. 2: *Enseñanzas* XVI, 2 [1993], p. 105).

[13] Cf. *C.I.C.*, can. 274, § 2.

piraciones reconocidas como espiritualmente válidas. Serán también definidos el ámbito territorial o las personas a las que dirigirá su servicio apostólico; será igualmente especificado si su oficio es a tiempo pleno o parcial, y qué presbítero será el responsable de la «cura animarum», relativa al ámbito de su oficio.

Estilo de vida

9. Es deber de los clérigos vivir el vínculo de la fraternidad y de la oración, comprometiéndose en la colaboración mutua y con el obispo, reconociendo y promoviendo la misión de los fieles laicos en la Iglesia y en el mundo,[14] conduciendo un estilo de vida sobrio y simple, que se abra a la 'cultura del dar' y favorezca una generosa caridad fraterna.[15]

Hábito eclesiástico

10. Los diáconos permanentes no están obligados a llevar el hábito eclesiástico, como en cambio lo están los diáconos candidatos al presbiterado,[16] para los cuales valen las mismas normas previstas universalmente para los presbíteros.[17]

Los miembros de los Institutos de Vida consagrada y las Sociedades de Vida apostólica se atendrán a cuanto está dispuesto para ellos en el *Código de Derecho Canónico*.[18]

---

[14] «...Entre los deberes del diácono está el de "promover y sostener la actividad apostólica de los laicos". En cuanto presente e inserto más que el sacerdote en los ambientes y en las estructuras seculares, él se debe sentir animado a favorecer el acercamiento entre el ministerio ordinario y la vida de los laicos, en el común servicio al Reino de Dios» (JUAN PABLO II, *Catequesis* en la Audiencia General del 13 de octubre de 1993, n. 5: «L'Osservatore Romano», 14 octubre 1993 *Enseñanzas* XVI, 2 [1993], pp. 1002-1003); cf. *C.I.C.* can. 275.

[15] Cf. *C.I.C.*, can. 282.

[16] Cf. *C.I.C.*, can. 288, en referencia al can. 284.

[17] Cf. *C.I.C.*, can. 284, CONGREGACIÓN PARA EL CLERO, Directorio para el ministerio y la vida de los presbíteros *Tota Ecclesia* (31 enero 1994), n. 66; Librería Editrice Vaticana, 1994, pp. 67-68; CONSEJO PARA LA INTERPRETACIÓN DE LOS TEXTOS LEGISLATIVOS, aclaración a cerca del valor vinculante del artículo 66, 22 octubre 1994; Rivista «Sacrum Ministerium» 2 (1995), p. 263.

[18] Cf. *C.I.C.*, can. 669.

11. La Iglesia reconoce en el propio ordenamiento canónico el derecho de los diáconos para asociarse entre ellos, con el fin de favorecer su vida espiritual, ejercitar obras de caridad y de piedad y conseguir otros fines, en plena conformidad con su consagración sacramental y su misión.[19]

A los diáconos, como a los otros clérigos, no les está permitida la fundación, la adhesión y la participación en asociaciones o agrupaciones de cualquier género, incluso civiles, incompatibles con el estado clerical, o que obstaculicen el diligente cumplimiento de su ministerio. Evitarán también todas aquellas asociaciones que, por su naturaleza, finalidad y métodos de acción vayan en detrimento de la plena comunión jerárquica de la Iglesia; además aquellas que acarrean daños a la identidad diaconal y al cumplimiento de los deberes que los diáconos ejercen en el servicio del pueblo de Dios; y, finalmente, aquellas que conspiran contra la Iglesia.[20]

Serían totalmente incompatibles con el estado diaconal aquellas asociaciones que quisieran reunir a los diáconos, con la pretensión de representatividad, en una especie de *corporación,* o de *sindicato,* o en grupos de presión, reduciendo, de hecho, su sagrado ministerio a una profesión u oficio, comparable a funciones de carácter profano. Además, son totalmente incompatibles aquellas asociaciones, que en cualquier modo desvirtúan la naturaleza del contacto directo e inmediato, que cada diácono debe tener con su propio obispo.

Tales asociaciones están prohibidas porque resultan nocivas al ejercicio del sagrado ministerio diaco-

---

[19] Cf. *C.I.C.,* can. 278, 1-2, en explicitación del canon 215.
[20] Cf. *C.I.C.,* can. 278, 3 y can. 1374; y también CONFERENCIA EPISCOPAL ALEMANA, Dech. «Iglesia Católica y masonería», 28 de febrero de 1980.

nal, que corre el riesgo de ser considerado como prestación subordinada, e introducen así una actitud de contraposición respecto a los sagrados pastores, considerados únicamente como empresarios.[21]

Téngase presente que ninguna asociación privada puede ser reconocida como eclesial sin la previa *recognitio* de los estatutos por parte de la autoridad eclesial competente; [22] que la misma autoridad tiene el derecho-deber de vigilar sobre la vida de las asociaciones y sobre la consecución de la finalidad de sus estatutos.[23]

Los diáconos, provenientes de asociaciones o movimientos eclesiales, no sean privados de las riquezas espirituales de tales agrupaciones, en las que pueden seguir encontrando ayuda y apoyo para su misión en el servicio de la Iglesia particular.

Compromisos profesionales

12. La eventual actividad profesional o laboral del diácono tiene un significado diverso de la del fiel laico.[24] En los diáconos permanentes el trabajo permanece, de todos modos, ligado al ministerio; ellos, por tanto, tendrán presente que los fieles laicos, por su misión específica, están «llamados de modo particular a hacer que la Iglesia esté presente y operante en aquellos lugares y circunstancias, en las que ella no puede ser sal de la tierra sino por medio de ellos».[25]

---

[21] Cf. CONGREGACIÓN PARA EL CLERO, Declar. *Quidam Episcopi* (8 de marzo de 1982), IV: *AAS* 74 (1982), 624-645.

[22] Cf. *C.I.C.,* can. 299, 3; can. 304.

[23] Cf. *C.I.C.,* can. 305.

[24] Cf. JUAN PABLO II, Alocución a los Obispos de Zaire en Visita «ad Limina» (30 abril 1983), n. 4: *Enseñanzas* VI, 1 (1983), pp. 1112-1113); Alocución a los Diáconos permanentes (16 marzo 1985): *Enseñanzas,* VIII, 1 (1985), pp. 648-650; cf. también Alocución para la ordenación de ocho nuevos obispos en Kinshasa (4 mayo 1980), 3-5: *Enseñanzas,* III 1 (1980), pp. 1111-1114; Catequesis de la Audiencia General (6 octubre 1993): *Enseñanzas,* XVI, 2 (1993), pp. 951-955.

[25] CONC. ECUM. VAT. II, Const. Dogm. *Lumen gentium,* 33; cf. también *C.I.C.,* can. 225.

La vigente disciplina de la Iglesia no prohíbe que los diáconos permanentes asuman o ejerzan una profesión con ejercicio de poderes civiles, ni que se dediquen a la administración de los bienes temporales o que ejerzan cargos seculares con la obligación de dar cuentas de ellos, como excepción a cuanto se ha dicho sobre los demás clérigos.[26] Dado que dicha excepción puede ser inoportuna, está previsto que el derecho particular pueda determinar diversamente.

En el ejercicio de las actividades comerciales y de los negocios,[27] que les están permitidos si no hay previsiones diversas y oportunas por parte del derecho particular, será deber de los diáconos dar un buen testimonio de honestidad y de rectitud deontológica, incluso en la observancia de las obligaciones de justicia y de las leyes civiles que no estén en oposición con el derecho natural, el Magisterio, a las leges de la iglesia y a su libertad.[28]

Esta excepción no se aplica a los diáconos pertenecientes a Institutos de vida consagrada y Sociedades de vida apostólica.[29]

Los diáconos permanentes siempre tendrán cuidado de valorar cada situación con prudencia, pidiendo consejo al propio obispo, sobre todo en los casos y en las situaciones más complejas. Tales profesiones, aunque honestas y útiles a la comunidad —si ejercidas por un diácono permanente— podrían resultar, en determinadas circunstancias, difícilmente compatibles con la responsabilidad pastoral propia de su ministerio. Por tanto, la autoridad competente, teniendo presente las exigencias de la comunión eclesial y los frutos de la acción pastoral al servicio de ésta, debe valorar prudentemente cada caso, aunque cuando se verifiquen cambios de profesión después de la ordenación diaconal.

---

[26] Cf. *C.I.C.,* can 288, referencia al can. 285, §§ 3-4.
[27] Cf. *Ibidem,* can. 288, referencia al can. 286.
[28] Cf. *Ibidem,* can. 222, § 2 y también can. 225, § 2.
[29] Cf. *Ibidem,* can. 672.

En casos de conflicto de conciencia, los diáconos deben actuar, aunque con grave sacrificio, en conformidad con la doctrina y la disciplina de la Iglesia.

Compromiso socio-político

13. Los diáconos, en cuanto ministros sagrados, deben dar prioridad al ministerio y a la caridad pastoral, favoreciendo «en sumo grado el mantenimiento, entre los hombres, de la paz y de la concordia».[30]

El compromiso de militancia activa en los partidos políticos y sindicatos puede ser consentido en situaciones de particular relevancia para «la defensa de los derechos de la Iglesia o la promoción del bien común»,[31] según las disposiciones adoptadas por las Conferencias Episcopales;[32] permanece, no obstante, firmemente prohibida, en todo caso, la colaboración con partidos y fuerzas sindicales, que se basan en ideologías, prácticas y coaliciones incompatibles con la doctrina católica.

Residencia

14. El diácono, por norma, para alejarse de la diócesis «por un tiempo considerable», según las especificaciones del derecho particular, deberá tener autorización del propio Ordinario o Superior Mayor.[33]

Sustento y seguridad social

Remune-ración y asistencia social

15. Los diáconos, empeñados en actividades profesionales deben mantenerse con las ganancias derivadas de ellas.[34]

Es del todo legítimo que cuantos se dedican plenamente al servicio de Dios en el desempeño de ofi-

---

[30] *C.I.C.*, can. 287, § 1.
[31] *Ibidem*, can. 287 § 2.
[32] Cf. *ibidem*, can. 288.
[33] Cf. *Ibidem*, can. 283.
[34] Cf. PABLO VI, Carta Ap. *Sacrum Diaconatus Ordinem*, 21: *l.c.*, 701.

cios eclesiásticos,[35] sean equitativamente remunerados, dado que «el trabajador es digno de su salario» (*Lc* 10, 7) y que «el Señor ha dispuesto que aquellos que anuncian el Evangelio vivan del Evangelio» (*1 Cor* 9,14). Esto no excluye que, como ya hacia el apóstol Pablo (cf. *1 Cor* 9,12), no se pueda renunciar a este derecho y se provea diversamente al propio sustento.

No es fácil fijar normas generales y vinculantes para todos en relación al sustento, dada la gran variedad de situaciones que se dan entre los diáconos, en las diversas Iglesias particulares y en los diversos países. En esta materia, además, hay que tener presentes también los eventuales acuerdos estipulados por la Santa Sede y por las Conferencias Episcopales con los gobiernos de las naciones. Se remite, por esto, al derecho particular para oportunas determinaciones.

16. Los clérigos, en cuanto dedicados de modo activo y concreto al ministerio eclesiástico, tienen derecho al sustento, que comprende «una remuneración adecuada»[36] y la asistencia social.[37]

Normas canónicas

Respecto a los diáconos casados el *Código de Derecho Canónico* dispone lo siguiente: «Los diáconos casados plenamente dedicados al ministerio eclesiástico merecen una retribución tal que pueda sostener a sí mismos y a su familia; pero quienes, por ejercer o haber ejercido una profesión civil, ya reciben una remuneración, deben proveer a sus propias necesidades y a las de su familia

---

[35] Cf. *C.I.C.,* can. 281.

[36] «Los clérigos dedicados al ministerio eclesiástico merecen una retribución conveniente a su condición, teniendo en cuenta tanto la naturaleza del oficio que desempeñan como las circunstancias de lugar y tiempo, de manera que puedan proveer a sus propias necesidades y a la justa remuneración de aquellas personas cuyo servicio necesitan» (*C.I.C.,* can. 281, § 1).

[37] «Se ha de cuidar igualmente de que gocen de asistencia social, mediante la que se provea adecuadamente a sus necesidades en caso de enfermedad, invalidez o vejez» (*C.I.C.,* can. 281, § 2).

con lo que cobren por ese título».[38] Al establecer que la remuneración debe ser «adecuada», son también enunciados los parámetros para determinar y juzgar la medida de la remuneración: condición de la persona, naturaleza del cargo ejercido, circunstancias de lugar y de tiempo, necesidades de la vida del ministro (incluidas las de su familia si está casado), justa retribución para las personas que, eventualmente, estuviesen a su servicio. Se trata de criterios generales, que se aplican a todos los clérigos.

Para proveer al «sustento de los clérigos que prestan servicios a favor de la diócesis», en cada Iglesia particular debe constituirse un instituto especial, con la finalidad de «recoger los bienes y las ofertas».[39]

La asistencia social en favor de los clérigos, si no ha sido dispuesto diversamente, es confiada a otro instituto apropiado.[40]

Diáconos célibes, sin otra remuneración

17. Los diáconos célibes, dedicados al ministerio eclesiástico en favor de la diócesis a tiempo completo, si no gozan de otra fuente de sustento, tienen derecho a la remuneración, según el principio general.[41]

Diáconos casados, sin otra remuneración

18. Los diáconos casados, que se dedican a tiempo completo al ministerio eclesiástico sin recibir de otra fuente retribución económica, deben ser remunerados de manera que puedan proveer al propio sustento y al de la familia,[42] en conformidad al susodicho principio general.

---

[38] *C.I.C.,* can. 281, § 3. Con el término remuneración en el derecho canónico se quiere indicar, a diferencia del derecho civil, mas que el estipendio en sentido técnico, la compensación apta que permita un honesto y congruente sustento del ministro, cuando tal compensación es debida por justicia.

[39] *Ibidem,* can. 1274, § 1.

[40] *Ibidem,* can. 1274, § 2.

[41] Cf. *Ibidem,* can. 281, § 1.

[42] Cf. *Ibidem,* can. 281, § 3.

19. Los diáconos casados, que se dedican a tiempo completo o a tiempo parcial al ministerio eclesiástico, si reciben una remuneración por la profesión civil, que ejercen o han ejercido, están obligados a proveer a sus propias necesidades y a las de su familia con las rentas provenientes de tal remuneración.[43]

Diáconos casados, con remuneración

20. Corresponde al derecho particular reglamentar con oportunas normas otros aspectos de la compleja materia, estableciendo, por ejemplo, que los entes y las parroquias, que se benefician del ministerio de un diácono, tienen la obligación de reembolsar los gastos realizados por éste en el desempeño del ministerio.

Reembolso de gastos

El derecho particular puede, además, definir qué obligaciones deba asumir la diócesis en relación al diácono que, sin culpa, se encontrase privado del trabajo civil. Igualmente, será oportuno precisar las eventuales obligaciones económicas de la diócesis en relación a la mujer y a los hijos del diácono fallecido. Donde sea posible, es oportuno que el diácono suscriba, antes de la ordenación, un seguro que prevea estos casos.

Pérdida del estado de diácono

21. El diácono está llamado a vivir con generosa entrega y renovada perseverancia el orden recibido, con fe en la perenne fidelidad de Dios. La sagrada ordenación, validamente recibida, jamás se pierde. Sin embargo, la pérdida del estado clerical se da en conformidad con lo estipulado por las normas canónicas.[44]

---

[43] Cf. *C.I.C.*, can. 281, § 3.
[44] Cf. *Ibidem*, cann. 290-293.

2

MINISTERIO DEL DIÁCONO

Funciones de los diáconos

Triple diaconía 22. El ministerio del diaconado viene sintetizado por el Concilio Vaticano II con la tríada: «ministerio (diaconía) de la liturgia, de la palabra y de la caridad».[45] De este modo se expresa la participación diaconal en el único y triple *munus* de Cristo en el ministro ordenado. El diácono «es *maestro*, en cuanto proclama e ilustra la Palabra de Dios; es *santificador*, en cuanto administra el sacramento del Bautismo, de la Eucaristía y los sacramentales, participa en la celebración de la Santa Misa en calidad de «ministro de la sangre», conserva y distribuye la Eucaristía; «es *guía*, en cuanto animador de la comunidad o de diversos sectores de la vida eclesial».[46] De este modo, el diácono asiste y sirve a los obispos y a los presbíteros, quienes presiden los actos litúrgicos, vigilan la doctrina y guían al Pueblo de Dios. El ministerio de los diáconos, en el servicio a la comunidad de los fieles, debe «colaborar en la construcción de la unidad de los cristianos sin prejuicios y sin iniciativas inoportu-

---

[45] Conc. Ecum. Vat. II, Cost. dogm. *Lumen Gentium*, 29.
[46] Juan Pablo II, Alocución (16 marzo 1985), n. 2: *Enseñanzas*, VIII, 1 (1985), 649; cf. Conc. Ecum. Vat. II, Const. Dogm. *Lumen Gentium*, 29; *C.I.C.*, can. 1008.

nas»,[47] cultivando aquellas «cualidades humanas que hacen a una persona aceptable a los demás y creíble, vigilante sobre su propio lenguaje y sobre sus propias capacidades de diálogo, para adquirir una actitud auténticamente ecuménica».[48]

Diaconía de la Palabra

23. El obispo, durante la ordenación, entrega al diácono el libro de los Evangelios diciendo estas palabras: «Recibe el Evangelio de Cristo del cual te has transformado en su anunciador».[49] Del mismo modo que los sacerdotes, los diáconos se dedican a todos los hombres, sea a través de su buena conducta, sea con la predicación abierta del misterio de Cristo, sea en el transmitir las enseñanzas cristianas o al estudiar los problemas de su tiempo. Función principal del diácono es, por lo tanto, colaborar con el obispo y con los presbíteros en el ejercicio del ministerio[50], n. 9: *Enseñanzas*, VII, 2 [1984], 436)] no de la propia sabiduría, sino de la Palabra de Dios, invitando a todos

Proclamador del Evangelio

[47] Pontificio Consejo para la Unidad de los Cristianos, *Directorio para la aplicación de los Principios y Normas sobre el Ecumenismo* (25 marzo 1993), 70: *l.c.*, p. 1069; cf. Congregación para la Doctrina de la Fe, Carta *Communionis notio* (28 mayo 1992), *AAS* 85 (1993), pp. 838 ss.

[48] Pontificio Consejo para la Unidad de los Cristianos, *Directorio para la aplicación de los Principios y Normas sobre el Ecumenismo* (25 marzo 1993), 71: *AAS* 85 (1993), 1068.

[49] *Pontificale Romanum - De ordinatione Episcopi, Presbyterorum et Diaconorum*, n. 210. Ed. typica altera, 1990: «Cree lo que lees, enseña lo que crees, y practica lo que enseñas».

[50] Cf. Conc. Ecum. Vat. II, Const. dogm. *Lumen Gentium*, 29. «Toca también a los diáconos servir al Pueblo de Dios en el ministerio de la Palabra en comunión con el obispo y con su presbiterio» (*C.I.C.*, can. 757); «En la predicación, los diáconos participan en el ministerio de los sacerdotes» (Juan Pablo II, Alocución a los Sacerdotes, Diáconos, Religiosos y Seminaristas en la Basílica del Oratorio de S. José - Montreal, Canada [11 de septiembre de 1984, n. 9: *AAS* 77 [1983], p. 396).

a la conversión y a la santidad.[51] Para cumplir esta misión los diáconos están obligados a prepararse, ante todo, con el estudio cuidadoso de la Sagrada Escritura, de la Tradición, de la liturgia y de la vida de la Iglesia.[52] Están obligados, además, en la interpretación y aplicación del sagrado depósito, a dejarse guiar dócilmente por el Magisterio de aquellos que son «testigos de la verdad divina y católica»:[53] el Romano Pontífice y los obispos en comunión con él,[54] de modo que propongan «integral y fielmente el misterio de Cristo».[55]

Es necesario, en fin, que aprendan el arte de comunicar la fe al hombre moderno de manera eficaz e integral, en las múltiples situaciones culturales y en las diversas etapas de la vida.[56]

Ministro de la palabra 24. Es propio del diácono proclamar el evangelio y predicar la palabra de Dios.[57] Los diáconos gozan de la facultad de predicar en cualquier parte, según las condiciones previstas por el Código.[58] Esta facultad nace del sacramento y debe ser ejercida con el consentimiento, al menos tácito, del rector de la Iglesia, con la humildad de quien es ministro y no dueño de la palabra de Dios. Por este motivo la advertencia del Apóstol es siempre actual: «Investidos de este ministerio por la misericordia con que fuimos favorecidos, no desfallecemos. Al contrario, desechando los disimulos vergonzosos, sin compor-

---

[51] Cf. Conc. Ecum. Vat. II, Decr. *Presbyterorum Ordinis,* n. 4.
[52] Cf. Conc. Ecum. Vat. II, Const. dogm. *Dei Verbum,* 25; Congregación para la Educación Católica, Carta circ. *Come è a conoscenza; C.I.C.,* can. 760.
[53] Conc. Ecum. Vat. II, Const. dogm. *Lumen gentium,* 25a; Const. dogm. *Dei verbum,* 10a.
[54] Cf. *C.I.C.,* can. 753.
[55] *Ibidem,* can. 760.
[56] Cf. *Ibidem,* can 769.
[57] Cf. *Institutio Generalis Missalis Romani,* n. 61; *Missale Romanum,* Ordo Lectionis Missae *Praenotanda,* n. 8, 24 y 50: ed. typica altera, 1981.
[58] Cf. *C.I.C.,* can. 764.

tarnos con astucia ni falsificando la palabra de Dios, sino anunciando la verdad, nos presentamos delante de toda conciencia humana, en presencia de Dios» (2 Cor 4:1-2).[59]

25. Cuando presidan una celebración litúrgica o cuando según las normas vigentes,[60] sean los encargados de ellas, los diáconos den gran importancia a la homilía en cuanto «anuncio de las maravillas hechas por Dios en el misterio de Cristo, presente y operante sobretodo en las celebraciones litúrgicas».[61] Sepan, por tanto, prepararla con especial cuidado en la oración, en el estudio de los textos sagrados, en la plena sintonía con el Magisterio y en la reflexión sobre las expectativas de los destinatarios.

Homilía y catequesis

Concedan, también, solícita atención a la catequesis de los fieles en las diversas etapas de la existencia cristiana, de forma que les ayuden a conocer la fe en Cristo, a reforzarla con la recepción de los sacramentos y a expresarla en su vida personal, familiar, profesional y social.[62] Esta catequesis hoy es tan importante y necesaria y tanto más debe ser completa, fiel, clara y ajena de incertidumbres, cuanto más secularizada está la sociedad y más grandes son los desafíos que la vida moderna plantea al hombre y al evangelio.

---

[59] Cf. CONGREGACIÓN PARA EL CLERO, *Directorio para el ministerio y la vida de los presbíteros,* nn. 45-47; *l.c.* 43-48.

[60] Cf. *Institutio Generalis Missalis Romani,* 42, 61; CONGREGACIÓN PARA EL CLERO, PONTIFICIO CONSEJO PARA LOS LAICOS, CONGREGACIÓN PARA LA DOCTRINA DE LA FE, CONGREGACIÓN PARA EL CULTO DIVINO Y LA DISCIPLINA DE LOS SACRAMENTOS, CONGREGACIÓN PARA LOS OBISPOS, CONGREGACIÓN PARA LA EVANGELIZACIÓN DE LOS PUEBLOS, CONGREGACIÓN PARA LOS INSTITUTOS DE VIDA CONSAGRADA Y LAS SOCIEDADES DE VIDA APOSTÓLICA, PONTIFICIO CONSEJO PARA LA INTERPRETACIÓN DE LOS TEXTOS LEGISLATIVOS, Instrucción sobré algunas cuestiones acerca de la colaboración de los fieles laícos en el sagrado ministerio de los sacerdotes, (15 agosto 1997), art. 3.

[61] CONC. ECUM. VAT. II, Const. *Sacrosanctum Concilium,* n. 35; cf. n. 52; *C.I.C,* can. 767, § 1.

[62] Cf. *C.I.C.,* Can. 779; cf. también Directorio Catequístico General, editio typica altera, Typis Vaticanis 1997, n. 216.

26. Esta sociedad es la destinataria de la nueva evangelización. Ella exige el esfuerzo más generoso por parte de los ministros ordenados. Para promoverla «alimentados por la oración y sobre todo del amor a la Eucaristía»,[63] los diáconos además de su participación en los programas diocesanos o parroquiales de catequesis, evangelización y preparación a los sacramentos, transmitan la Palabra en su eventual ámbito profesional, ya sea con palabras explícitas, ya sea con su sola presencia activa en los lugares donde se forma la opinión pública o donde se aplican las normas éticas (como en los servicios sociales, los servicios a favor de los derechos de la familia, de la vida etc.); tengan en cuenta las grandes posibilidades que ofrecen al ministerio de la palabra la enseñanza de la religión y de la moral en las escuelas,[64] la enseñanza en las universidades católicas y también civiles [65] y el uso adecuado de los modernos medios de comunicación.[66]

Estos *nuevos areópagos* exigen ciertamente, además de la indispensable sana doctrina, una esmerada preparación específica, pues constituyen medios eficacísimos para llevar el evangelio a los hombres de nuestro tiempo y a la misma sociedad.[67]

Finalmente los diáconos tengan presente que es necesario someter al juicio del ordinario, antes de la publicación, los escritos concernientes a la fe y a las costumbres [68] y que es necesario el permiso del ordinario del lugar para escribir en publicaciones o participar en transmisiones y entretenimientos que suelan atacar la religión católica o las buenas costumbres.

---

[63] Pablo VI Exhort. Ap. *Evangeli Nuntiandi* (8 dic. 1975); *A.A.S.* 68 (1976), 5s.
[64] Cf. *C.I.C.,* cann. 804-805.
[65] Cf. *Ibidem,* can. 810.
[66] Cf. *Ibidem,* can. 761.
[67] Cf. *Ibidem,* can. 822.
[68] Cf. *Ibidem,* can. 823, § 1.

Para las retransmisiones radio televisivas tendrán en cuenta lo establecido por la Conferencia Episcopal.[69]

En todo caso, tengan siempre presente la exigencia primera e irrenunciable de no hacer nunca concesiones en la exposición de la verdad.

27. Los diáconos recuerden que la Iglesia es por su misma naturaleza misionera,[70] ya sea porque ha tenido origen en la misión del Hijo y en la misión del Espíritu Santo según el plan del Padre, ya sea porque ha recibido del Señor resucitado el mandato explícito de predicar a toda criatura el Evangelio y de bautizar a los que crean (cf. *Mc* 16, 15-16; *Mt* 28, 19). De esta Iglesia los diáconos son ministros y, por lo mismo, aunque incardinados en una Iglesia particular, no pueden sustraerse del deber misionero de la Iglesia universal y deben, por lo tanto, permanecer siempre abiertos, en la forma y en la medida que permiten sus obligaciones familiares —si están casados— y profesionales, también a la *missio ad gentes*.[71]

Tarea misionera

La dimensión del servicio está unida a la dimensión misionera de la Iglesia; es decir, el esfuerzo misionero del diácono abraza el servicio de la palabra, de la liturgia y de la caridad, que a su vez se realizan en la vida cotidiana. La misión se extiende al testimonio de Cristo también en el eventual ejercicio de una profesión laical.

Diaconía de la liturgia

28. El rito de la ordenación pone de relieve otro aspecto del ministerio diaconal: el servicio del altar.[72]

Servicio a la obra de santificación

---

[69] Cf. *C.I.C.*, can. 831, § 1.
[70] Cf. Conc. Ecum. Vat. II, Decr. *Ad gentes*, 2a.
[71] Cf. *C.I.C.*, can. 784, 786.
[72] Cf. Conc. Ecum. Vat. II, Decr. *Ad gentes*, 16; *Pontificale Romanum - De ordinatione Episcopi, presbyterorum et diaconorum*, n. 207; ed. cit., p. 122 (*Prex Ordinationis*).

El diácono recibe el sacramento del orden para servir en calidad de ministro a la santificación de la comunidad cristiana, en comunión jerárquica con el obispo y con los presbíteros. Al ministerio del obispo y, subordinadamente al de los presbíteros, el diácono presta una ayuda sacramental, por lo tanto intrínseca, orgánica, inconfundible.

Resulta claro que su diaconía ante el altar, por tener su origen en el sacramento del Orden, se diferencia esencialmente de cualquier ministerio litúrgico que los pastores puedan encargar a fieles no ordenados. El ministerio litúrgico del diácono se diferencia también del mismo ministerio ordenado sacerdotal.[73]

Se sigue que en el ofrecimiento del Sacrificio eucarístico, el diácono no está en condiciones de realizar el misterio sino que, por una parte representa efectivamente al Pueblo fiel, le ayuda en modo específico a unir la oblación de su vida a la oferta de Cristo; y por otro sirve, en nombre de Cristo mismo, a hacer partícipe a la Iglesia de los frutos de su sacrificio.

Así como «la liturgia es el culmen hacia el cual tiende la acción de la Iglesia y, juntamente, la fuente de la cual emana toda su virtud»,[74] esta prerrogativa de la consagración diaconal es también fuente de una gracia sacramental dirigida a fecundar todo el ministerio; a tal gracia se debe corresponder también con una cuidadosa y profunda preparación teológica y litúrgica para poder participar dignamente en la celebración de los sacramentos y de los sacramentales.

Estilo
celebrativo
29. En su ministerio el diácono tendrá siempre viva la conciencia de que «cada celebración litúrgica, en cuanto obra de Cristo sumo y eterno sacerdote y de su Cuerpo, que es la Iglesia, es una acción sagrada

---

[73] Conc. Ecum. Vat. II, Const. dogm. *Lumen gentium*, 29
[74] Conc. Ecum. Vat. II, Const. *Sacrosanctum Concilium*, 10.

por excelencia, cuya eficacia, con el mismo título y el mismo grado, no la iguala ninguna otra acción de la Iglesia».[75] La liturgia es fuente de gracia y de santificación. Su eficacia deriva de Cristo Redentor y no se apoya en la santidad del ministro. Esta certeza hará humilde al diácono, que no podrá jamás comprometer la obra de Cristo, y al mismo tiempo, le empujará a una vida santa para ser digno ministro de Cristo. Las acciones litúrgicas, por tanto, no se reducen a acciones privadas o sociales que cada uno puede celebrar a su modo sino que pertenecen al Cuerpo universal de la Iglesia.[76] Los diáconos deben observar las normas propias de los santos misterios con tal devoción que lleven a los fieles a una consciente participación, que fortalezca su fe, dé culto a Dios y santifique a la Iglesia.[77]

30.   Según la tradición de la Iglesia y cuanto establece el derecho,[78] compete a los diáconos «ayudar al Obispo y a los Presbíteros en las celebraciones de los divinos misterios».[79] Por lo tanto se esforzarán por promover las celebraciones que impliquen a toda la asamblea, cuidando la participación interior de todos y el ejercicio de los diversos ministerios.[80]

Ayuda al Obispo y a los presbíteros en las celebraciones

Tengan presente también la importante dimensión estética, que hace sentir al hombre entero la belleza de cuanto se celebra. La música y el canto, aunque pobres y simples, la predicación de la Palabra, la comunión de los fieles que viven la paz y el perdón de

---

[75] CONC. ECUM. VAT. II, Const. *Sacrosanctum Concilium,* 7d.
[76] Cf. *Ibidem,* 22, 3; *C.I.C.,* cann. 841, 846.
[77] Cf. *C.I.C.,* can. 840.
[78] «Los diáconos participan en la celebración del culto divino, por norma según la disposición del derecho» (*C.I.C.,* can. 835, § 3).
[79] *Catecismo de la Iglesia Católica,* n. 1570 cf. Caeremoniale Episcoporum, nn. 23-26.
[80] Cf. CONC. ECUM. VAT. II, Const. *Sacrosanctum Concilium,* 26-27.

Cristo, son un bien precioso que el diácono, por su parte, buscará incrementar.

Sean siempre fieles a cuanto se pide en los libros litúrgicos, sin agregar, quitar o cambiar algo por propia iniciativa.[81] Manipular la liturgia equivale a privarla de la riqueza del misterio de Cristo que existe en ella y podría ser un signo de presunción delante de todo aquello, que ha establecido la sabiduría de la Iglesia. Limítense por tanto a cumplir todo y sólo aquello que es de su competencia.[82] Lleven dignamente los ornamentos litúrgicos prescritos.[83] La dalmática, según los diversos y apropiados colores litúrgicos, puesta sobre el alba, el cíngulo y la estola, «constituyen el hábito propio del diácono».[84]

El servicio de los diáconos se extiende a la preparación de los fieles para los sacramentos y también a su atención pastoral después de la celebración de los mismos.

Bautismo 31.   El diácono, con el obispo y el presbítero, es ministro ordinario del bautismo.[85] El ejercicio de tal facultad requiere o la licencia para actuar concedida

---

[81] Cf. *C.I.C.*, can. 846, § 1.
[82] Cf. CONC. ECUM. VAT. II, Const. *Sacrosantum Concilium*, n. 28.
[83] Cf. *C.I.C.*, can. 929.
[84] Cf. *Institutio generalis Missalis Romani*, nn. 81b, 300, 302; *Institutio generalis Liturgiae Horarum*, n. 255; *Pontificale Romanum - Ordo dedicationis ecclesiae et altaris*, nn. 23, 24, 28, 29, Editio typica, Typis Polyglottis Vaticanis 1977, pp. 29 et 90; *Rituale Romanum - De Benedictionibus*, n. 36, Editio typica, Typis Polyglottis Vaticanis 1985, p. 18; *Ordo coronandi imaginem beatae Mariae Virginis*, n. 12, Editio typica, Typis Polyglottis Vaticanis 1981, p. 10; CONGREGACION PARA EL CULTO DIVINO, Directorio para las celebraciones en ausencia de presbítero *Christi Ecclesia*, n. 38: *Notitiae* 24 (1988), pp. 388-389; *Pontificale Romanum - De Ordinatione Episcopi, Presbyterorum et Diaconorum*, n. 188: («Immediate post Precem Ordinationis, Ordinati stola diaconali et dalmatica induuntur, quo eorum ministerium abhinc in liturgia peragendum manifestetur») y 190: *ed. cit.* pp. 102, 103; *Caeremoniale Episcoporum*, n. 67, Editio typica, Libreria Editrice Vaticana 1995, pp. 28-29.
[85] *C.I.C.*, can. 861, § 1.

por el párroco, al cual compete de manera especial bautizar a sus parroquianos,[86] o que se dé un caso de necesidad.[87] Es de particular importancia el ministerio de los diáconos en la preparación a este sacramento.

32. En la celebración de la Eucaristía, el diácono asiste y ayuda a aquellos que presiden la asamblea y consagran el Cuerpo y la Sangre del Señor, es decir, al obispo y los presbíteros,[88] según lo establecido por la *Institutio Generalis* del Misal Romano,[89] manifestando así a Cristo Servidor: está junto al sacerdote y lo ayuda, y, en modo particular, asiste a un sacerdote ciego o afectado por otra enfermedad a la celebración eucarística;[90] en el altar desarrolla el servicio del cáliz y del libro; propone a los fieles las intenciones de la oración y los invita a darse el signo de la paz; en ausencia de otros ministros, el mismo cumple, según las necesidades, los oficios.

No es tarea suya pronunciar las palabras de la plegaria eucarística y las oraciones; ni cumplir las acciones y los gestos que únicamente competen a quien preside y consagra.[91] Es propio del diácono proclamar la divina Escritura.[92]

En cuanto ministro ordinario de la sagrada comunión,[93] la distribuye durante la celebración, o fuera de ella, y la lleva a los enfermos también en forma de viáti-

Eucaristía

---

[86] Cf. *C.I.C.*, can. 530, n. 1.
[87] Cf. *Ibidem*, can. 862.
[88] Cf. PABLO VI, Carta apost. *Sacrum Diaconatus Ordinem*, V, 22, 1: *l.c.*, 701.
[89] Cf. *Institutio Generalis - Missale Romanum*, nn. 61, 127-141, editio typica altera 1975.
[90] Cf. *C.I.C.*, can. 930, § 2.
[91] Cf. *Ibidem*, can. 907; CONGREGACIÓN PARA EL CLERO, etc. Instrucción I *Ecclesiae de mysterio* (15 agosto 1997), art. 6.
[92] Cf. PABLO VI, Carta apost. *Sacrum Diaconatus Ordinem*, V, 22, 6, *l.c.*, 702.
[93] Cf. *C.I.C.*, can. 910, § 1.

co.[94] El diácono es así mismo ministro ordinario de la exposición del Santísimo Sacramento y de la bendición eucarística.[95] Le corresponde presidir eventuales celebraciones dominicales en ausencia del presbítero.[96]

Matrimonio 33. A los diáconos les puede ser confiada la atención de la pastoral familiar, de la cual el primer responsable es el obispo. Esta responsabilidad se extiende a los problemas morales, litúrgicos, y también a aquellos de carácter personal y social, para sostener la familia en sus dificultades y sufrimientos.[97] Tal responsabilidad puede ser ejercida a nivel diocesano o, bajo la autoridad de un párroco, a nivel local, en la catequesis sobre el matrimonio cristiano, en la preparación personal de los futuros esposos, en la fructuosa celebración del sacramento y en la ayuda ofrecida a los esposos después del matrimonio.[98]

Los diáconos casados pueden ser de gran ayuda al proponer la buena nueva sobre el amor conyugal, las virtudes que lo tutelan en el ejercicio de una paternidad cristiana y humanamente responsable.

Corresponde también al diácono, si recibe la facultad de parte del párroco o del Ordinario del lugar, presidir la celebración del matrimonio *extra Missam* e impartir la bendición nupcial en nombre de la Iglesia.[99] El

---

[94] Cf. *C.I.C.,* can. 911, § 2.

[95] Cf. *Ibidem,* 943 y también PABLO VI, Carta apost. *Sacrum Diaconatus Ordinem,* V, 22, 3: *l.c.,* 702.

[96] Cf. CONGREGACIÓN PARA EL CULTO DIVINO, Directorio para las celebraciones en ausencia de presbítero *Christi Ecclesia,* n. 38: *l.c.,* 388-389; CONGREGACIÓN PARA EL CLERO, etc. Instrucción *Ecclesiae de mysterio* (15 agosto 1997), art. 7.

[97] Cf. JUAN PABLO II, Exhort. Apost. Post-sinodal *Familiaris Consortio* (22 nov. 1981), 73: *A.A.S.* 74 (1982), 170-171.

[98] Cf. *C.I.C.,* n. 1063.

[99] Cf. CONC. ECUM. VAT. II, Const. *Lumen Gentium,* 29; *C.I.C.,* can. 1108, §§ 1-2; *Ordo Celebrandi Matrimonium,* ed. typica altera 1991, 24.

poder dado al diácono puede ser también de forma general según las condiciones previstas,[100] y puede ser subdelegada exclusivamente en los modos indicados por el Código de Derecho Canónico.[101]

34. Es doctrina definida [102] que la administración del sacramento de la unción de los enfermos está reservado al obispo y a los presbíteros, por la relación de dependencia de dicho sacramento con el perdón de los pecados y de la digna recepción de la Eucaristía.

Cuidados pastoral de los enfermos

El cuidado pastoral de los enfermos puede ser confiado a los diáconos. El laborioso servicio para socorrerles en el dolor, la catequesis que prepara a recibir el sacramento de la unción, el suplir al sacerdote en la preparación de los fieles a la muerte y a la administración del Viático con el rito propio, son medios con los cuales los diáconos hacen presente a los fieles la caridad de la Iglesia.[103]

35. Los diáconos tienen la obligación establecida por la Iglesia de celebrar la Liturgia de las Horas, con la cual todo el Cuerpo Místico se une a la oración que Cristo Cabeza eleva al Padre. Conscientes de esta responsabilidad, celebrarán tal Liturgia, cada día, según los libros litúrgicos aprobados y en los modos determinados por la Conferencia Episcopal.[104] Buscarán promover la participación de la comunidad cristiana en esta Liturgia, que jamás es una acción priva-

Liturgia de las horas

---

[100] Cf. *C.I.C.*, can. 1111, §§ 1-2.
[101] Cf. *Ibidem*, can. 137, §§ 3-4.
[102] Concilio Florentino, bulla *Exsultate Deo* (DS 1325); Concilio Tridentino, *Doctrina de sacramento de extremae unctionis*, cap. 3 (DS 1697) y can. 4 *de extrema unctione* (DS 1719).
[103] Cf. Pablo VI, Carta apost. *Sacrum Diaconatus Ordinem*, II, 10; *l.c.*, 699; Congregación para el Clero, etc. Instrucción *Ecclesiae de mysterio* (15 agosto 1997), art. 9.
[104] Cf. *C.I.C.*, can. 276, § 2, n. 3.

da, sino siempre un acto propio de toda la Iglesia,[105] también cuando la celebración es individual.

Sacramentales y exequias

36. El diácono es ministro de los sacramentales, es decir de aquellos «signos sagrados por medio de los cuales, con una cierta imitación de los sacramentos, son significados y, por intercesión de la Iglesia, se obtienen sobre todo efectos espirituales».[106]

El diácono puede, por lo tanto, impartir las bendiciones más estrictamente ligadas a la vida eclesial y sacramental, que le han sido consentidas expresamente por el derecho,[107] y además, le corresponde presidir las exequias celebradas sin la S. Misa y el rito de la sepultura.[108]

Sin embargo, cuando esté presente y disponible un sacerdote, se le debe confiar a él la tarea de presidir la celebración.[109]

Diaconía de la caridad

Servidores del pueblo de Dios

37. Por el sacramento del orden el diácono, en comunión con el obispo y el presbiterio de la diócesis, participa también de las mismas funciones pastorales,[110] pero las ejercita en modo diverso, sirviendo y ayudando al obispo y a los presbíteros. Esta participación, en cuanto realizada por el sacramento, hace que los diáconos sirvan al pueblo de Dios en nombre de Cristo. Precisamente por este motivo deben ejercitarla con humilde caridad y, según las palabras de san Po-

---

[105] Cf. *Institutio Generalis Liturgiae Horarum*, nn. 20; 255-256.
[106] CONC. ECUM. VAT. II, Const. *Sacrosanctum Concilium*, 60; cf. *C.I.C.*, can. 1166 y can. 1168; *Catecismo de la Iglesia Católica*, n. 1667.
[107] Cf. *C.I.C.*, can. 1169, § 3.
[108] Cf. PABLO VI, Carta apost. *Sacrum Diaconatus Ordinem*, V, 22,5: *l.c.*, 702 y también *Ordo exsequiarum*, 19; CONGREGACIÓN PARA EL CLERO, etc. Instrucción *Ecclesiae de mysterio* (15 agosto 1997), art. 12.
[109] Cf. *Ritual de las bendiciones*, Premisas generales 18 c.
[110] Cf. *C.I.C.*, can. 129, § 1.

licarpo, deben mostrarse siempre «misericordiosos, activos, progrediendo en la verdad del Señor, el cual se ha hecho siervo de todos».[111] Su autoridad, por lo tanto, ejercitada en comunión jerárquica con el obispo y con los presbíteros, como lo exige la misma unidad de consagración y de misión,[112] es servicio de caridad y tiene la finalidad de ayudar y animar a todos los miembros de la Iglesia particular, para que puedan participar, en espíritu de comunión y según sus propios carismas, en la vida y misión de la Iglesia.

38. En el ministerio de la caridad los diáconos deben configurarse con Cristo Siervo, al cual representan, y están sobre todo «dedicados a los oficios de caridad y de administración».[113] Por ello, en la oración de ordenación, el obispo pide para ellos a Dios Padre: «Estén llenos de toda virtud: sinceros en la caridad, premurosos hacia los pobres y los débiles, humildes en su servicio... sean imagen de tu Hijo, que no vino para ser servido sino para servir».[114] Con el ejemplo y la palabra, ellos deben esmerarse para que todos los fieles, siguiendo el modelo de Cristo, se pongan en constante servicio a los hermanos.

Servicio de la caridad

Las obras de caridad, diocesanas o parroquiales, que están entre los primeros deberes del obispo y de los presbíteros, son por éstos, según el testimonio de la Tradición de la Iglesia, transmitidas a los servidores en el ministerio eclesiástico, es decir a los diáconos;[115]

[111] S. POLICARPO, *Ad Phil.*, 5, 2 SC 10bis, p. 182; citado en *Lumen Gentium*, 29a.
[112] PABLO VI, Carta ap. *Sacrum Diaconatus Ordinem, l.c.,* 698.
[113] Cf. CONC. ECUM. VAT. II, Const. dogm. *Lumen Gentium*, 29.
[114] *Pontificale Romanum - De ordinatione Episcopi, Presbyterorum et Diaconorum*, n. 207: ed. cit., p. 122 (*Prex Ordinationis*).
[115] Cf. HIPOLITO, *Traditio Apostolica*, 8,24; *S. Ch.* 11 bis. pp. 58-63; 98-99; *Didascalia Apostolorum* (Siriaca), capp. III, XI: A. VÖÖBUS (ed) *The «Didascalia Apostolorum» in Syriae*, CSCO, vol. I, n. 402 (toma 176), pp. 29-30; vol II, n. 408 (toma 180), pp. 120-129; *Didascalia Apostolorum* III, 13 (19), 1-7: F. X. FUNK (ed), *Didas-*

así como el servicio de caridad en el área de la educación cristiana; la animación de los oratorios, de los grupos eclesiales juveniles y de las profesiones laicales; la promoción de la vida en cada una de sus fases y la transformación del mundo según el orden cristiano.[116] En estos campos su servicio es particularmente precioso porque, en las actuales circunstancias, las necesidades espirituales y materiales de los hombres, a las cuáles la Iglesia está llamada a dar respuesta, son muy diferentes. Ellos, por tanto, busquen servir a todos sin discriminaciones, prestando particular atención a los que más sufren y a los pecadores. Como ministros de Cristo y de la Iglesia, sepan superar cualquier ideología e interés particular, para no privar a la misión de la Iglesia de su fuerza, que es la caridad de Cristo. La diaconía, de hecho, debe hacer experimentar al hombre el amor de Dios e inducirlo a la conversión, a abrir su corazón a la gracia.

La función caritativa de los diáconos «comporta también un oportuno servicio en la administración de los bienes y en las obras de caridad de la Iglesia. Los diáconos tienen en este campo la función de «ejercer en nombre de la jerarquía, los deberes de la caridad y de la administración, así como las obras de servicio social».[117] Por eso, oportunamente ellos pueden ser elevados al oficio de ecónomo diocesano,[118] o ser tenidos en cuenta en el consejo diocesano para los asuntos económicos.[119]

calia et Constitutiones Apostolorum, Paderbornae 1906, I, pp. 212-216; CONC. ECUM. VAT. II, Dec. *Christus Dominus,* 13.

[116] CONCILIO ECUMÉNICO VATICANO II, Const. past. *Gaudium et spes,* nn. 40-45.

[117] PABLO VI, Carta ap. *Sacrum Diaconatus Ordinem,* V, 22, 9: *l.c.,* 702. Cf. JUAN PABLO II, *Catequesis* en la Audiencia general del 13 de octubre de 1993, n. 5: *Enseñanzas* XVI, 2 (1993), pp. 1000-1004.

[118] Cf. *C.I.C.,* can. 494.

[119] Cf. *Ibidem,* can. 493.

La misión canónica de los diáconos permanentes

39. Los tres ámbitos del ministerio diaconal, según las circunstancias, podrán ciertamente, uno u otro, absorber un porcentaje más o menos grande de la actividad de cada diácono, pero juntos constituyen una unidad al servicio del plan divino de la Redención: el ministerio de la Palabra lleva al ministerio del altar, el cual, a su vez, anima a traducir la liturgia en vida, que desemboca en la caridad: «Si consideramos la profunda naturaleza espiritual de esta diaconía, entonces podemos apreciar mejor la interrelación entre las tres áreas del ministerio tradicionalmente asociadas con el diaconado, es decir, el ministerio de la Palabra, el ministerio del altar y el ministerio de la caridad. Según las circunstancias una u otra pueden asumir particular importancia en el trabajo individual de un diácono, pero estos tres ministerios están inseparablemente unidos en el servicio del plan redentor de Dios».[120]

Ejercicio de la triple diaconía.

40. A lo largo de la historia el servicio de los diáconos ha asumido modalidades múltiples para poder resolver las diversas necesidades de la comunidad cristiana y permitir a ésta ejercer su misión de caridad. Toca sólo a los obispos,[121] los cuales rigen y tienen cuidado de las Iglesias particulares «como vicarios y legados de Cristo»,[122] conferir a cada uno de los diáconos el oficio eclesiástico a norma del derecho. Al conferir el oficio es necesario valorar atentamente tanto las necesidades pastorales como, eventualmente, la situación personal, familiar —si se trata de casados— y

Conferimiento del oficio

---

[120] Cf. Juan Pablo II, Alocución a los diáconos permanentes de U.S.A, Detroit (19 de septiembre de 1987), n. 3: *Enseñanzas*, X, 3 (1987), 656.

[121] Cf. *C.I.C.,* can. 157.

[122] Cf. Conc. Ecum. Vat. II, Cost. Dogm. *Lumen Gentium*, 27a.

profesional de los diáconos permanentes. En cada caso, sin embargo, es de grandísima importancia que los diáconos puedan desarrollar, según sus posibilidades, el propio ministerio en plenitud, en la predicación, en la liturgia y en la caridad, y no sean relegados a ocupaciones marginales, a funciones de suplencia, o a trabajos que pueden ser ordinariamente hechos por fieles no ordenados. Solo así los diáconos permanentes aparecerán en su verdadera identidad de ministros de Cristo y no como laicos particularmente comprometidos en la vida de la Iglesia.

Por el bien del diácono mismo y para que no se abandone a la improvisación, es necesario que a la ordenación acompañe una clara investidura de responsabilidad pastoral.

Ministerio
Parroquial

41. El ministerio diaconal encuentra ordinariamente en los diversos sectores de la pastoral diocesana y en la parroquia el propio ámbito de ejercicio, asumiendo formas diversas. El obispo puede conferir a los diáconos el encargo de cooperar en el cuidado pastoral de una parroquia confiada a un solo párroco,[123] o también en el cuidado pastoral de las parroquias confiadas *in solidum*, a uno o más presbíteros.[124]

Cuando se trata de participar en el ejercicio del cuidado pastoral de una parroquia, —en los casos en que, por escasez de presbíteros, no pudiese contar con el cuidado inmediato de un párroco— [125] los diáconos permanentes tienen siempre la precedencia sobre los fieles no ordenados. En tales casos, se debe precisar que el moderador es un sacerdote, ya que sólo él es el «pastor propio» y puede recibir el encar-

[123] Cf. *C.I.C.*, can. 519.
[124] Cf. *ibidem,* can. 517, § 1.
[125] Cf. *ibidem,* can. 517, § 2.

go de la «cura animarum», para la cual el diácono es cooperador.

Del mismo modo los diáconos pueden ser destinados para dirigir, en nombre del párroco o del obispo, las comunidades cristianas dispersas.[126] «Es una función misionera a desempeñar en los territorios, en los ambientes, en los estados sociales, en los grupos, donde falte o no sea fácil de localizar al presbítero. Especialmente en los lugares donde ningún sacerdote esté disponible para celebrar la Eucaristía, el diácono reúne y dirige la comunidad en una celebración de la Palabra con la distribución de las sagradas Especies, debidamente conservadas.[127] Es una función de suplencia que el diácono desempeña por mandato eclesial cuando se trata de remediar la escasez de sacerdotes.[128] En tales celebraciones nunca debe faltar la oración por el incremento de las vocaciones sacerdotales, debidamente explicadas como indispensables. En presencia de un diácono, la participación en el ejercicio del cuidado pastoral no puede ser confiada a un fiel laico, ni a una comunidad de personas; dígase lo mismo de la presidencia de una celebración dominical.

En todo caso las competencias del diácono deben ser cuidadosamente definidas por escrito en el momento de conferirle el oficio.

Entre los diáconos y los diversos sujetos de la pastoral se deberán buscar con generosidad y convicción, las formas de una constructiva y paciente colaboración. Si es deber de los diáconos el respetar siempre la tarea del párroco y cooperar en comunión

---

[126] Cf. PABLO VI, Carta ap. *Sacrum Diaconatus Ordinem*, V, 22, 10: *l.c.*, 702.

[127] Cf. *C.I.C.*, can. 1248, § 2; CONGREGACIÓN PARA EL CULTO DIVINO, Directorio para las celebraciones en ausencia de presbítero *Christi Ecclesia* n. 29: *l.c.*, 386.

[128] JUAN PABLO II, *Catequesis* en la Audiencia general del 13 de octubre de 1993, n. 4: *Enseñanzas* XVI, 2 (1993), p. 1002.

con todos aquellos que condividen el cuidado pastoral, es también su derecho el ser aceptados y plenamente reconocidos por todos. En el caso en el que el obispo decida la institución de los consejos pastorales parroquiales, los diáconos, que han recibido una participación en el cuidado pastoral de la parroquia, son miembros de éste por derecho.[129] En todo caso, prevalezca siempre la caridad sincera, que reconoce en cada ministerio un don del Espíritu para la edificación del Cuerpo de Cristo.

Ministerio Diocesano

42. El ámbito diocesano ofrece numerosas oportunidades para el fructuoso ministerio de los diáconos.

En efecto, en presencia de los requisitos previstos, pueden ser miembros de los organismos diocesanos de participación; en particular, del consejo pastoral,[130] y como ya se ha indicado, del consejo diocesano para los asuntos económicos; pueden también participar en el sínodo diocesano.[131]

No pueden, sin embargo, ser miembros del consejo presbiteral, en cuanto que éste representa exclusivamente al presbiterio.[132]

En las curias pueden ser llamados para cubrir, si poseen los requisitos expresamente previstos, el oficio de canciller,[133] de juez,[134] de asesor,[135] de auditor,[136] de

---

[129] Cf. PABLO VI, Carta ap. *Sacrum Diaconatus Ordinem,* V, 24: *l.c.,* 702; *C.I.C.,* can. 536.

[130] Cf. PABLO VI, Carta ap. *Sacrum Diaconatus Ordinem,* V, 24: *l.c.,* 702; *C.I.C.,* can. 512, § 1.

[131] Cf. *C.I.C.,* can. 463, § 2.

[132] Cf. CONC. ECUM. VAT. II, Const. *Lumen Gentium* 28; Decr. *Christus Dominus* 27; Decr. *Presbyterorum Ordinis* 7; *C.I.C.,* can. 495, § 1.

[133] Cf. *C.I.C.,* can. 482.

[134] Cf. *ibidem,* can. 1421, § 1.

[135] Cf. *ibidem,* can. 1424.

[136] Cf. *ibidem,* can. 1428, § 2.

promotor de justicia y defensor del vínculo,[137] de notario.[138]

Por el contrario, no pueden ser constituidos vicarios judiciales, ni vicarios adjuntos, en cuanto que estos oficios están reservados a sacerdotes.[139]

Otros campos abiertos al ministerio de los diáconos son los organismos o comisiones diocesanas, la pastoral en ambientes sociales específicos, en particular la pastoral de la familia, o por sectores de la población que requieren especial cuidado pastoral, como, por ejemplo, los grupos étnicos.

En el desarrollo de estos oficios el diácono tendrá siempre bien presente que cada acción en la Iglesia debe ser signo de caridad y servicio a los hermanos. En la acción judicial, administrativa y organizativa buscará, por tanto, evitar toda forma de burocracia para no privar al propio ministerio de su sentido y valor pastoral. Por tanto, para salvaguardar la integridad del ministerio diaconal, aquel que es llamado a desempeñar estos oficios, sea puesto, igualmente en condición de desarrollar el servicio típico y propio del diácono.

---

[137] Cf. *C.I.C.*, can. 1435.
[138] Cf. *ibidem*, can. 483, § 1.
[139] Cf. *ibidem*, cann. 1420, § 4; 553, § 1.

3

ESPIRITUALIDAD DEL DIÁCONO

Contexto histórico actual

43. La Iglesia convocada por Cristo y guiada por el Espíritu Santo según el designio de Dios Padre, «presente en el mundo y, sin embargo, peregrina»[140] hacia la plenitud del Reino,[141] vive y anuncia el Evangelio en la circunstancias históricas concretas. «Tiene, pues, ante sí la Iglesia al mundo, esto es, la entera familia humana con el conjunto universal de las realidades entre las que ésta vive; el mundo, teatro de la historia humana, con sus afanes, fracasos y victorias; el mundo, que los cristianos creen fundado y conservado por el amor del Creador, esclavizado bajo la servidumbre del pecado, pero liberado por Cristo, crucificado y resucitado, roto el poder del demonio, para que el mundo se transforme según el propósito divino y llegue a su consumación».[142]

El diácono, miembro y ministro de la Iglesia, debe tener presente, en su vida y en su ministerio, esta realidad; debe conocer la cultura, las aspiraciones y los problemas de su tiempo. De hecho, él está llamado en este contexto a ser signo vivo de Cristo Siervo

---

[140] Conc. Ecum. Vat. II, Const. *Sacrosanctum concilium*, 2.
[141] *Ibidem*, Const. dogm. *Lumen gentium*, 5.
[142] *Ibidem*, Const. past. *Gaudium et spes*, 2b.

y al mismo tiempo está llamado a asumir la tarea de la Iglesia de «escrutar a fondo los signos de la época e interpretarlos a la luz del Evangelio, de forma que, acomodándose a cada generación, pueda la Iglesia responder a los perennes interrogantes de la humanidad sobre el sentido de la vida presente y de la vida futura y sobre la mutua relación de ambas».[143]

Vocación a la santidad

44. La vocación universal a la santidad tiene su fuente en el «bautismo de la fe», en el cual todos hemos sido hechos «verdaderos hijos de Dios y partícipes de la divina naturaleza, y, por lo mismo, realmente santos».[144]

Raíz sacramental

El sacramento del Orden confiere a los diáconos «una nueva consagración a Dios», mediante la cual han sido «consagrados por la unción del Espíritu Santo y enviados por Cristo»[145] al servicio del Pueblo de Dios, «para edificación del cuerpo de Cristo» (Ef 4, 12).

«De aquí brota la *espiritualidad diaconal*, que tiene su fuente en la que el concilio Vaticano II llama «gracia sacramental del diaconado».[146] Además de ser una ayuda preciosa en el cumplimiento de sus diversas funciones, esa gracia influye profundamente en el espíritu del diácono, comprometiéndolo a la entrega de toda su persona al servicio del Reino de Dios en la Iglesia. Como indica el mismo término *diaconado*, lo que caracteriza el sentir íntimo y el querer de quien recibe el sacramento es el *espíritu de servicio*. Con el diaconado se busca realizar lo que Jesús declaró con

---

[143] Conc. Ecum. Vat. II, Const. past. *Gaudium et spes*, 4a.
[144] *Ibidem*, Const. dogm. *Lumen gentium*, 40.
[145] *Ibidem*, Decr. *Presbyterorum Ordinis*, 12a.
[146] *Ibidem*, Decr. *Ad gentes*, 16.

respecto a su misión: «El Hijo del hombre no ha venido a ser servido, sino a servir y a dar su vida como rescate por muchos (*Mc.* 10, 45; *Mt.* 20, 28)».[147] Así el diácono vive, por medio y en el seno de su ministerio, la virtud de la obediencia: cuando lleva a cabo fielmente los encargos que le vienen confiados, sirve al episcopado y presbiterado en los «*munera*» de la misión de Cristo. Y aquello que realiza es el ministerio pastoral mismo, para el bien de los hombres.

Exigencia vinculante

45. De esto deriva la necesidad de que el diácono acoja con gratitud la invitación al seguimiento de Cristo Siervo y dedique la propia atención a serle fiel en las diversas circunstancias de la vida. El carácter recibido en la ordenación produce una configuración con Cristo a la cual el sujeto debe adherir y debe hacer crecer durante toda su vida.

La santificación, compromiso de todo cristiano,[148] tiene en el diácono un fundamento en la especial consagración recibida.[149] Comporta la práctica de las virtudes cristianas y de los diversos preceptos y consejos de origen evangélico según el propio estado de vida. El diácono está llamado a vivir santamente, porque el Espíritu Santo lo ha hecho santo con el sacramento del Bautismo y del Orden y lo ha constitui-

---

[147] JUAN PABLO II, *Catequesis* en la Audiencia General del 20 de octubre de 1993, n. 1: *Enseñanzas,* XVI, 2 (1993), p. 1053.

[148] «Todos los fieles deben esforzarse, según su propia condición, por llevar una vida santa, así como por incrementar la Iglesia y promover su continua santificación» (*C.I.C.,* can. 210).

[149] Estos «sirviendo a los misterios de Cristo y de la Iglesia, deben conservarse inmunes de todo vicio, agradar a Dios y hacer acopio de todo bien ante los hombres (cf. *1 Tit* 3, 8-18 y 12-13)» CONC. ECUM. VAT. II, Cost. Dogm. *Lumen gentium, 41.* Cf. También PABLO VI, Lett. Ap. *Sacrum Diaconatus Ordinem,* VI, 25: *l.c.,* 702.

do ministro de la obra con la cual la Iglesia de Cristo, sirve y santifica al hombre.[150]

En particular, para los diáconos la vocación a la santidad significa «seguir a Jesús en esta actitud de humilde servicio que no se manifiesta sólo en las obras de caridad, sino que afecta y modela toda su manera de pensar y de actuar»,[151] por lo tanto, «si su ministerio es coherente con este servicio, ponen más claramente de manifiesto ese rasgo distintivo del rostro de Cristo: el servicio»,[152] para ser no sólo ««siervos de Dios», sino también siervos de Dios en los propios hermanos».[153]

Relacionalidad del Orden sagrado

46. El Orden sagrado confiere al diácono, mediante los dones específicos sacramentales, una especial participación a la consagración y a la misión de Aquel, que se ha hecho siervo del Padre en la redención del hombre y lo mete, en modo nuevo y específico, en el misterio de Cristo, de la Iglesia y de la salvación de todos los hombres. Por este motivo, la vida espiritual del diácono debe profundizar y desarrollar esta triple relación, en la línea de una espiritualidad comunitaria que tienda a testimoniar la naturaleza comunional de la Iglesia.

El orden es esencialmente relacional

[150] «Los clérigos en su propia conducta, están obligados a buscar la santidad por una razón peculiar, ya que, consagrados a Dios por un nuevo título en la recepción del orden, son administradores de los misterios del Señor en servicio de su pueblo» (*C.I.C.*, can. 276, § 1).
[151] JUAN PABLO II, *Catequesis* en la Audiencia General del 20 de octubre de 1993, n. 2: *Enseñanzas*, XVI, 2 (1993), p. 1054.
[152] *Ibidem*, n. 1: *Enseñanzas*, XVI, 2 (1993), p. 1054.
[153] CONC. ECUM. VAT. II., Decr. *Apostolicam Actuositatem*, 4, 8; Const. *Gaudium et spes* 27, 93.

111

47. La primera y la más fundamental relación es con Cristo que ha asumido la condición de siervo por amor al Padre y a sus hermanos, los hombres.[154] El diácono en virtud de su ordenación está verdaderamente llamado a actuar en conformidad con Cristo Siervo.

El Hijo eterno de Dios, «se despojó de sí mismo tomando condición de siervo» (*Fil* 2, 7) y vivió esta condición en obediencia al Padre (cf. *Jn* 4, 34) y en el servicio humilde hacia los hermanos (cf. *Jn* 13, 4-15). En cuanto siervo del Padre en la obra de la redención de los hombres, Cristo constituye el camino, la verdad y la vida de cada diácono en la Iglesia.

Toda la actividad ministerial tendrá sentido si ayuda a conocer mejor, a amar y seguir a Cristo en su diaconía. Es necesario, pues, que los diáconos se esfuercen por conformar su vida con Cristo, que con su obediencia al Padre «hasta la muerte y muerte de cruz» (Fil 2, 8), ha redimido a la humanidad.

48. A esta relación fundamental está inseparablemente asociada la Iglesia,[155] que Cristo ama, purifica, nutre y cuida (cf. *Ef* 5, 25-29). El diácono no podría vivir fielmente su configuración con Cristo, sin participar de su amor por la Iglesia, «hacia la que no puede menos de alimentar una profunda adhesión, por su misión y su institución divina».[156]

El rito de la ordenación pone de relieve la relación que viene a instaurarse entre el obispo y el diá-

---

[154] Cf. Juan Pablo II, Alocución (16 marzo 1985), n. 2: *Enseñanzas*, VIII, 1 (1985), 649; Exhort. Ap. Post-sinodal *Pastores dabo vobis*, 3; 21: *o.c.,* 661; 688.

[155] Cf. Juan Pablo II, Exhort. Ap. Post-sinodal *Pastores dabo vobis*, 16: *o.c.,* 681.

[156] Juan Pablo II, *Catequesis* en la Audiencia General del 20 de octubre de 1993, n. 2: *Enseñanzas,* XVI, 2 (1993), p. 1055.

cono: solamente el obispo impone las manos al elegido, invocando sobre él la efusión del Espíritu Santo,
por eso, todo diácono encuentra la referencia del propio ministerio en la comunión jerárquica con el obispo.[157]

La ordenación diaconal, además, resalta otro aspecto eclesial: comunica una participación de ministro
a la diaconía de Cristo con la que el pueblo de Dios,
guiado por el Sucesor de Pedro y por los otros obispos en comunión con él, y con la colaboración de los
presbíteros, continúa el servicio de la redención de
los hombres. El diácono, pues, está llamado a nutrir
su espíritu y su ministerio con un amor ardiente y
comprometido por la Iglesia, y con una sincera voluntad de comunión con el Santo Padre, con el propio
obispo y con los presbíteros de la diócesis.

49. Es necesario recordar, finalmente, que la diaconía de Cristo tiene como destinatario al hombre, a todo hombre [158] que en su espíritu y en su cuerpo lleva
las huellas del pecado, pero que está llamado a la comunión con Dios. «Tanto amó Dios al mundo que
dio a su Hijo único, para que todo el que crea en él
no perezca, sino que tenga vida eterna» (*Jn* 3, 16).
De este plan de amor Cristo se ha hecho siervo asumiendo nuestra naturaleza; y de esta diaconía la Iglesia es signo e instrumento en la historia.

El diácono, por lo tanto, por medio del sacramento, está destinado a servir a sus hermanos necesitados
de salvación. Y si en Cristo Siervo, en sus palabras y
acciones, el hombre puede encontrar en plenitud el
amor con el cual el Padre lo salva, también en la vida
del diácono debe poder encontrar esta misma cari-

*Relación con
la salvación
del hombre
en Cristo*

---

[157] Cf. PABLO VI, Carta ap. *Sacrum Diaconatus Ordinem*, V, 23: *o.c.*,
702.
[158] Cf. JUAN PABLO II, Carta enc. *Redemptor hominis* (4 marzo 1979),
nn. 13-17: *A.A.S.* 71 (1979), pp. 282-300.

dad. Crecer en la imitación del amor de Cristo por el hombre, que supera los límites de toda ideología humana, será, pues, la tarea esencial de la vida espiritual del diácono.

En aquellos que desean ser admitidos al cammino diaconal, se requiere «una inclinación natural del espíritu para servir a la sagrada jerarquía y a la comunidad cristiana»,[159] esto no debe entenderse «en el sentido de una simple espontaneidad de las disposiciones naturales. Se trata de una propensión de la naturaleza animada por la gracia, con un espíritu de servicio que conforma el comportamiento humano al de Cristo. El sacramento del diaconado desarrolla esta propensión: hace que el sujeto participe más íntimamente del espíritu de servicio de Cristo, penetra su voluntad con una gracia especial, logrando que, en todo su comportamiento, esté animado por una *predisposición nueva* al servicio de sus hermanos».[160]

Medios de vida espiritual

Primado de la vida espiritual

50. Lo anteriormente expuesto evidencia el primado de la vida espiritual. El diácono, por esto, debe recordar que vivir la diaconía del Señor supera toda capacidad natural y, por lo mismo, necesita secundar, con plena conciencia y libertad, la invitación de Jesús: «Permaneced en mí, como yo en vosotros. Lo mismo que el sarmiento no puede dar fruto por sí mismo, si no permanece en la vid; así tampoco vosotros si no permanecéis en mí» (*Jn* 15, 4).

El seguimiento de Cristo en el ministerio diaconal es una empresa fascinante pero árdua, llena de satis-

---

[159] Cf. Pablo VI, Carta ap. *Sacrum Diaconatus Ordinem*, II, 8: *o.c.*, 700.
[160] Juan Pablo II, *Catequesis* en la Audiencia General 20 de octubre de 1993), n. 2: *Enseñanzas*, XVI, 2 (1993), p. 1054.

facciones y de frutos, pero también expuesta, en algún caso, a las dificultades y a las fatigas de los verdaderos seguidores de Cristo Jesús. Para realizarla, el diácono necesita estar con Cristo para que sea él quien lleve la responsabilidad del ministerio, necesita también reservar el primado a la vida espiritual, vivir con generosidad la diaconía, organizar el ministerio y sus obligaciones familiares —si está casado— o profesionales de manera que progrese en la adhesión a la persona y a la misión de Cristo Siervo.

51. Fuente primaria del progreso en la vida espiritual es, sin duda, el cumplimiento fiel y constante del ministerio en un motivado y siempre perseguido contexto de unidad de vida.[161] Esto, ejemplarmente realizado, no solamente no obstaculiza la vida espiritual, sino que favorece las virtudes teologales, acrecienta la propia voluntad de donación y servicio a los hermanos y promueve la comunión jerárquica. Adaptado oportunamente, vale para los diáconos cuanto se afirma de los sacerdotes: «están ordenados a la perfección de la vida en virtud de las mismas acciones sagradas que realizan cada día, así como por todo su ministerio... pero la misma santidad... a su vez contribuye en gran manera al ejercicio fructuoso del propio ministerio».[162] *Ministerio*

52. El diácono tenga siempre bien presente la exhortación de la liturgia de la ordenación: «Recibe el Evangelio de Cristo, del cual has sido constituido mensajero; cree lo que proclamas, vive lo que enseñas, y cumple aquello que has enseñado».[163] *Espiritualidad del ministerio de la Palabra*

[161] Cf. CONC. ECUM. VAT. II, Decr. *Presbyterorum Ordinis* nn. 14 e 15; *C.I.C.*, can. 276, § 2. n. 1.
[162] Cf. CONC. ECUM. VAT. II, Decr. *Presbyterorum Ordinis*, 12.
[163] *Pontificale Romanum - De ordinatione Episcopi, Presbyterorum et Diaconorum*, n. 210; ed. cit., p. 125.

Para proclamar digna y fructuosamente la Palabra de Dios, el diácono «debe leer y estudiar asiduamente la Escritura para no volverse "vano predicador de la palabra en el exterior, aquel que no la escucha en el interior";[164] y ha de comunicar a sus fieles, sobre todo en los actos litúrgicos, las riquezas de la Palabra de Dios».[165]

Para sentir el reclamo y la fuerza divina (cf. *Rom* 1, 16) deberá, además, profundizar esta misma Palabra, bajo la guía de aquellos que en la Iglesia son maestros auténticos de la verdad divina y católica.[166] Su santidad se funda en su consagración y misión también en relación a la Palabra: tomará conciencia de ser su ministro. Como miembro de la jerarquía sus actos y sus declaraciones comprometen a la Iglesia; por eso resulta esencial para su caridad pastoral verificar la autenticidad de la propia enseñanza, la propia comunión efectiva y clara con el Papa, con el orden episcopal y con el propio obispo, no solo respecto al símbolo de la fe, sino también respecto a la enseñanza del Magisterio ordinario y a la disciplina, en el espíritu de la profesión de fe, previa a la ordenación, y del juramento de fidelidad.[167] De hecho «es tanta la eficacia que radica en la Palabra de Dios, que es, en verdad, apoyo y vigor de la Iglesia, y fortaleza de la fe para sus hijos, alimento del alma, fuente pura y perenne de la vida espiritual».[168] Por eso, cuanto más se acerque a la Palabra de Dios, tanto más sentirá el deseo de comunicarla a los hermanos.

---

[164] S. Agustín, *Serm.* 179, 1: PL 38, 966.

[165] Conc. Ecum. Vat. II, Const. Dogm. *Dei verbum*, 25; cf. Pablo VI, Carta ap. *Sacrum Diaconatus Ordinem*, VI, 26, 1: o.c., 703; *C.I.C.*, can. 276, § 2, n. 2.

[166] Cf. Conc. Ecum. Vat. II, Const. dogm. *Lumen gentium*, 25a.

[167] Cf. *C.I.C.,* can. 833; Congregación para la Doctrina de la Fe, *Professio fidei et iusiurandum fidelitatis in suscipiendo officio nomine Ecclesiae exercendo*: *AAS* 81 (1989), pp. 104-106 y 1169.

[168] Conc. Ecum. Vat II, Const. dogm. *Dei Verbum,* 21.

En la Escritura es Dios quien habla al hombre; [169] en la predicación, el ministro sagrado favorece este encuentro salvífico. Él, por lo tanto, dedicará sus más atentos cuidados a predicarla incansablemente, para que los fieles no se priven de ella por la ignorancia o por la pereza del ministro y estará íntimamente convencido del hecho de que el ejercicio del ministerio de la Palabra no se agota en la sola predicación.

53. Del mismo modo, cuando bautiza, cuando distribuye el Cuerpo y la Sangre del Señor o sirve en la celebración de los demás sacramentos o de los sacramentales, el diácono verifica su identidad en la vida de la Iglesia: es ministro del Cuerpo de Cristo, cuerpo místico y cuerpo eclesial; recuerde que estas acciones de la Iglesia, si son vividas con fe y reverencia, contribuyen al crecimiento de su vida espiritual y a la edificación de la comunidad cristiana. [170]

Espiritualidad del ministerio de la liturgia

54. En su vida espiritual los diáconos den la debida importancia a los sacramentos de la gracia, que «están ordenados a la santificación de los hombres, a la edificación del Cuerpo de Cristo y, en definitiva, a dar culto a Dios». [171]

Sacramentos

Sobre todo, participen con particular fe en la celebración cotidiana del Sacrificio eucarístico, [172] si es posible ejercitando el propio *munus* litúrgico y adoren con asiduidad al Señor presente en el sacramento, [173] ya que en la Eucaristía, fuente y culmen de toda la evangelización, «se contiene todo el bien espiritual de

[169] Cf. CONC. ECUM. VAT II, Const. litur. *Sacrosanctum Concilium*, 7.
[170] Cf. *ibidem*, Const. litur. *Sacrosanctum Concilium*, 7.
[171] *Ibidem*, Const. litur. *Sacrosanctum Concilium*, 59a.
[172] Cf. *C.I.C.*, can. 276, § 2, n. 2; PABLO VI, Carta ap. *Sacrum Diaconatus Ordinem*, VI, 26, 2: *l.c.*, 703.
[173] Cf. PABLO VI, Carta ap. *Sacrum Diaconatus Ordinem*, VI, 26, § 2: *o.c.*, 703.

la Iglesia».[174] En la Eucaristía encontrarán verdaderamente a Cristo, que, por amor del hombre, se hace víctima de expiación, alimento de vida eterna, amigo cercano a todo sufrimiento.

Conscientes de la propia debilidad y confiados en la misericordia divina, accedan con regular frecuencia al sacramento de la reconciliación,[175] en el que el hombre pecador encuentra a Cristo redentor, recibe el perdón de sus culpas y es impulsado hacia la plenitud de la caridad.

Espiritualidad del ministerio de la caridad

55. Finalmente, en el ejercicio de las obras de caridad, que el obispo le confiará, déjese guiar siempre por el amor de Cristo hacia todos los hombres y no por los intereses personales o por las ideologías, que lesionan la universalidad de la salvación o niegan la vocación trascendental del hombre. El diácono recuerde, además, que la diaconía de la caridad conduce necesariamente a promover la comunión al interno de la Iglesia particular. La caridad es, en efecto, el alma de la comunión eclesial. Favorezca, por tanto, con empeño la fraternidad, la cooperación con los presbíteros y la sincera comunión con el obispo.

Vida de oración

56. Los diáconos sepan siempre, en todo contexto y circunstancia, permanecer fieles al mandato del Señor: «Estad en vela, pues, orando en todo tiempo para que tengáis fuerza y escapéis a todo lo que está para venir, y podáis estar en pie delante del Hijo del hombre» (*Lc* 21, 36; cf. *Fil* 4, 6-7).

La oración, diálogo personal con Dios, les conferirá la luz y la fuerza necesarias para seguir a Cristo y para servir a los hermanos en las diversas vicisitudes.

---

[174] CONC. ECUM. VAT. II, Decr. *Presbyterorum Ordinis*, 5b.
[175] Cf. *C.I.C.*, can. 276, § 2, n. 5; cf. PABLO VI, Carta ap. *Sacrum Diaconatus Ordinem*, VI, 26, 3: *l.c.*, 703.

Fundados sobre esta certeza, busquen dejarse modelar por las diversas formas de oración: la celebración de la Liturgia de las Horas, en las modalidades establecidas por la Conferencia Episcopal,[176] caracteriza toda su vida de oración; en cuanto ministros, intercedan por toda la Iglesia. Dicha oración prosigue en la *lectio divina*, en la oración mental asidua, en la participación a los retiros espirituales según las disposiciones del derecho particular.[177]

Estimen así mismo la virtud de la penitencia y de los demás medios de santificación, que tanto favorecen el encuentro personal con Dios.[178]

57. La participación en el misterio de Cristo Siervo orienta necesariamente el corazón del diácono hacia la Iglesia y hacia Aquella que es su Madre santísima. En efecto, no se puede separar a Cristo de su cuerpo que es la Iglesia. La verdad de la unión con la Cabeza suscitará un verdadero amor por el Cuerpo. Y este amor hará que el diácono colabore laboriosamente en la edificación de la Iglesia con la dedicación a los deberes ministeriales, la fraternidad y la comunión jerárquica con el propio obispo y el presbiterio. Toda la Iglesia debe estar en el corazón del diácono: la Iglesia universal, de cuya unidad el Romano Pontífice, como sucesor de Pedro, es principio y fundamento perpetuo y visible,[179] y la Iglesia particular, que «adherida a su Pastor y reunida por él en el Espíritu Santo por medio del Evangelio y la Eucaristía, verdaderamente hace presente y operante la Iglesia de Cristo, que es una, santa, católica y apostólica».[180]

Amor hacia la Iglesia y hacia la Bienaventurada Virgen María

---

[176] Cf. *C.I.C.*, can. 276, § 2, 3.
[177] Cf. *ibidem*, can. 276, § 2, 4.
[178] Cf. *ibidem*, can. 276, § 2, 5.
[179] Cf. Conc. Ecum. Vat. II, Const. Dogm. *Lumen gentium*, 23a.
[180] *Ibidem*, Decr. *Christus Dominus*, 11; *C.I.C.*, can. 369.

El amor a Cristo y a la Iglesia está profundamente unido a la Bienaventurada Virgen María, la humilde sierva del Señor, quien, con el irrepetible y admirable título de madre, está asociada generosamente a la diaconía de su Hijo divino (cf. *Jn* 19, 25-27). El amor a la Madre del Señor, fundado sobre la fe y expresado en el diario rezo del rosario, en la imitación de sus virtudes y en la confiada entrega a Ella, dará sentido a manifestaciones de verdadera y filial devoción.[181]

Todo diácono mirará a María con veneración y afecto; en efecto, «la Virgen Madre ha sido la criatura que más ha vivido la plena verdad de la vocación porque nadie como Ella ha respondido con un amor tan grande al amor inmenso de Dios».[182] Este amor particular a la Virgen, Sierva del Señor, nacido de la Palabra y arraigado por entero en la Palabra, se hará imitación de su vida. Éste será un modo para introducir en la Iglesia aquella dimensión mariana que es tan propia de la vocación del diácono.[183]

Dirección espiritual

58. Será, en fin, de grandísima utilidad para el diácono la dirección espiritual regular. La experiencia muestra cuánto contribuye el diálogo, sincero y humilde, con un sabio director, no sólo para resolver las dudas y los problemas, que inevitablemente surgen durante la vida, sino para llevar a cabo el necesario discernimiento, para realizar un mejor conocimiento de sí mismo y para progresar en el fiel seguimiento de Cristo.

---

[181] Cf. *C.I.C.*, can. 276, § 2, n. 5; PABLO VI, Carta ap. *Sacrum Diaconatus Ordinem*, VI, 26, 4: *l.c.*, 703.

[182] JUAN PABLO II, Exhor. ap. post-sinodal *Pastores dabo vobis*, 36, en la que sy Santidad cita la *Propositio* 5 de la Padre Sinodal: *l.c.*, 718.

[183] Cf. JUAN PABLO II, Aloc. a la Curia Romana (22 dic. 1987), *AAS* 80 (1988), 1025-1034; Carta apost. *Mulieris dignitatem* 27, *AAS* 80 (1988), p. 1718.

Espiritualidad del diácono y estados de vida

59. Al diaconado permanente pueden ser admitidos, ante todo, hombres célibes o viudos, pero también hombres que viven en el sacramento del matrimonio.[184]

Unidad en la diversidad

60. La Iglesia reconoce con gratitud el magnífico don del celibato concedido por Dios a algunos de sus miembros y en diversos modos lo ha unido, tanto en Oriente como en Occidente, con el ministerio del orden, con el que se encuentra en admirable consonancia.[185] La Iglesia sabe también que este carisma, aceptado y vivido por amor al Reino de los cielos (*Mt* 19, 12), orienta la persona entera del diácono hacia Cristo, que, en la virginidad, se consagró al servicio del Padre y a conducir a los hombres hacia la plenitud del Reino. Amar a Dios y servir a los hermanos en esta elección de totalidad, lejos de contradecir el desarrollo personal de los diáconos, lo favorece, ya que la verdadera perfección de todo hombre es la caridad. En efecto, en el celibato, el amor se presenta como signo de consagración total a Cristo con corazón indiviso y de una más libre dedicación al servicio de Dios y de los hombres,[186] precisamente porque la elección del celibato no es desprecio del matrimonio, ni fuga del mundo, sino más bien es un modo privilegiado de servir a los hombres y al mundo.

Diáconos célibes

---

[184] Conc. Ecum. Vat. II, Const. dogm. *Lumen gentium*, 29b.

[185] «His rationibus in mysteriis Christi Eiusque missione fundatis, coelibatus... omnibus ad Ordinem sacrum promovendis lege impositum est»: Conc. Ecum. Vat. II, Decr. *Presbyterorum ordinis*, 16; cf. C.I.C., can. 247, § 1; can. 277, § 1; can. 1037.

[186] Cf. C.I.C, can. 277, § 1; Conc. Ecum. Vat. II, Decr. *Optatam totius*, 10.

Los hombres de nuestro tiempo, sumergidos tantas veces en lo efímero, son especialmente sensibles al testimonio de aquellos que proclaman lo eterno con la propia vida. Los diáconos, por tanto, no dejarán de ofrecer a los hermanos este testimonio con la fidelidad a su celibato, de tal manera que los estimulen a buscar aquellos valores que manifiestan la vocación del hombre a la trascendencia. «El celibato por el Reino no es sólo un signo escatológico, sino también tiene un gran sentido social en la vida actual para el servicio al Pueblo de Dios».[187]

Para custodiar mejor durante toda la vida el don recibido de Dios para el bien de la Iglesia entera, los diáconos no confíen excesivamente en sus propias fuerzas, sino mantengan siempre un espíritu de humilde prudencia y vigilancia, recordando que «el espíritu está pronto, pero la carne es débil» (*Mt* 26, 41); sean fieles, además, a la vida de oración y a los deberes ministeriales.

Compórtense con prudencia en el trato con personas cuya familiaridad pueda poner en peligro la continencia o bien suscitar escándalo.[188]

Sean, finalmente, conscientes de que la actual sociedad pluralista obliga a un atento discernimiento sobre el uso de los medios de comunicación social.

Diáconos casados

61. También el sacramento del matrimonio, que santifica el amor de los cónyuges y lo constituye signo eficaz del amor con el que Cristo se dona a la Iglesia (cf. *Ef* 5, 25), es un don de Dios y debe alimentar la vida espiritual del diácono casado. Ya que la vida conyugal y familiar y el trabajo profesional reducen inevitablemente el tiempo para dedicar al ministerio, se

---

[187] JUAN PABLO II, *Carta* a los sacerdotes con motivo del Jueves Santo, *Novo incipiente* (8 abril 1979), 8: *AAS* 71 (1979), 408.
[188] Cf. *C.I.C.*, can. 277, § 2.

pide un particular empeño para conseguir la necesaria unidad, incluso a través de la oración en común. En el matrimonio el amor se hace donación interpersonal, mutua fidelidad, fuente de vida nueva, sostén en los momentos de alegría y de dolor; en una palabra, el amor se hace servicio. Vivido en la fe, este *servicio familiar* es, para los demás fieles, ejemplo de amor en Cristo y el diácono casado lo debe usar también como estímulo de su diaconía en la Iglesia.

El diácono casado debe sentirse particularmente responsabilizado para ofrecer un claro testimonio de la santidad del matrimonio y de la familia. Cuanto más crezcan en el mutuo amor, tanto más fuerte llegará a ser su donación a los hijos y tanto más significativo será su ejemplo para la comunidad cristiana. «El enriquecimiento y la profundización de un amor sacrificado y recíproco entre marido y mujer constituye quizá la implicación más significativa de la esposa del diácono en el ministerio público de su marido en la Iglesia».[189] Este amor crece gracias a la virtud de la castidad, que siempre florece, incluso mediante el ejercicio de la paternidad responsable, con el cultivo del respeto al cónyuge y con la práctica de una cierta continencia. Tal virtud favorece esta donación madura que se manifiesta de inmediato en el ministerio, evitando las actitudes posesivas, la idolatría del éxito profesional, la incapacidad para organizar el tiempo, favoreciendo por el contrario las relaciones interpersonales auténticas, la delicadeza y la capacidad de dar a cada cosa su lugar debido.

Promuévanse oportunas iniciativas de sensibilización hacia el ministerio diaconal, dirigidas a toda la familia. La esposa del diácono, que ha dado su con-

---

[189] JUAN PABLO II, Alocución a los diáconos permanentes de U.S.A. en Detroit (19 de septiembre de 1987), n. 5: *Enseñanzas*, X, 3 (1987), 658.

sentimiento a la elección del marido,[190] sea ayudada y sostenida para que viva su propio papel con alegría y discreción, y aprecie todo aquello que atañe a la Iglesia, en particular los deberes confiados al marido. Por este motivo es oportuno que sea informada sobre las actividades del marido, evitando sin embargo toda intromisión indebida, de tal modo que se concierte y realice una equilibrada y armónica relación entre la vida familiar, profesional y eclesial. Incluso los hijos del diácono, si están adecuadamente preparados, podrán apreciar la elección del padre y comprometerse con particular atención en el apostolado y en el coherente testimonio de vida.

En conclusión, la familia del diácono casado, como, por lo demás, toda familia cristiana, está llamada a asumir una parte viva y responsable en la misión de la Iglesia en las circunstancias del mundo actual. «El diácono y su esposa deben ser un ejemplo vivo de *fidelidad e indisolubilidad en el matrimonio cristiano* ante un mundo urgentemente necesitado de tales signos. Afrontando con *espíritu de fe* los retos de la vida matrimonial y a las exigencias de la vida diaria, fortalecen la vida familiar no sólo de la comunidad eclesial sino de lo entera sociedad. Hacen ver también cómo pueden ser armonizadas en el *servicio a la misión de la Iglesia* las obligaciones de familia, trabajo y ministerio. Los diáconos, sus esposas y sus hijos pueden constituir una fuente de ánimo para todos cuantos están trabajando por la promoción de la vida familiar».[191]

Diáconos viudos

62. Es preciso reflexionar sobre la situación determinada por la muerte de la esposa de un diácono. Es un momento de la existencia que pide ser vivido en

---

[190] Cf. *C.I.C*, can. 1031, § 2.
[191] JUAN PABLO II, Alocución a los diáconos permanentes (19 de septiembre de 1987), n. 5: *Enseñanzas*, X, 3 (1987), 658-659.

la fe y en la esperanza cristiana. La viudez no debe destruir la dedicación a los hijos, si los hay; ni siquiera debería inducir a la tristeza sin esperanza. Esta etapa de la vida, por lo demás dolorosa, constituye una llamada a la purificación interior y un estímulo para crecer en la caridad y en el servicio a los propios seres queridos y a todos los miembros de la Iglesia. Es también una llamada a crecer en la esperanza, ya que el cumplimiento fiel del ministerio es un camino para alcanzar a Cristo y a las personas queridas en la gloria del Padre.

Es necesario reconocer, sin embargo, que este evento introduce en la vida cotidiana de la familia una situación nueva, que influye en las relaciones personales y determina, en no pocos casos, problemas económicos. Por tal motivo, el diácono que ha quedado viudo deberá ser ayudado con gran caridad a discernir y a aceptar su nueva situación personal; a no descuidar su tarea educativa respecto a sus eventuales hijos, así como a las nuevas necesidades de la familia.

En particular, el diácono viudo deberá ser acompañado en el cumplimiento de la obligación de observar la continencia perfecta y perpetua [192] y sostenido en la comprensión de las profundas motivaciones eclesiales que hacen imposible el acceso a nuevas nupcias en conformidad con la constante disciplina de la Iglesia, sea de oriente como de occidente (cf. *1 Tim* 3, 12).[193] Esto podrá realizarse con una intensificación de

---

[192] Cf. *C.I.C*, can. 277, § 1.
[193] Cf. PABLO VI, Carta ap. *Sacrum Diaconatus Ordinem*, III, 16: *l.c.*, 701; PABLO VI, Carta ap. Ad *pascendum, VI: l.c.,* 539: *C.I.C.,* can. 1087; Eventuales excepciones se regulan en conformidad con la Carta Circular de la Congregación para el Culto Divino y la Disciplina de los Sacramentos, a los Ordinarios Generales de los Institutos de Vida Consagrada Y de las Sociedades de Vida Apostólica, n. 263/97, del 6 de junio 1997, n. 8.

la propia entrega a los demás, por amor de Dios, en el ministerio. En estos casos será de gran conforto para los diáconos la ayuda fraterna de los demás ministros, de los fieles y la cercanía del obispo.

Si es la mujer del diácono quien queda viuda, según las posibilidades, no sea jamás descuidada por los ministros y por los fieles en sus necesidades.

4

FORMACIÓN PERMANENTE DEL DIÁCONO

Características

63. La formación permanente de los diáconos implica una exigencia humana que se pone en continuidad con la llamada sobrenatural a servir ministerialmente a la Iglesia y con la inicial formación al ministerio, considerando los dos momentos como partes del único proceso orgánico de vida cristiana y diaconal.[194] En efecto, «quien recibe el diaconado contrae la obligación de la propia formación doctrinal permanente que perfeccione y actualice cada vez más la formación requerida antes de la ordenación», de modo que la vocación "al" diaconado continúe y se muestre como vocación "en" el diaconado, mediante la periódica renovación del «si, lo quiero» pronunciado el día de la ordenación.[195] Debe ser considerada —sea de parte de la Iglesia que la da, sea de parte de los diáconos que la reciben— como un mutuo derecho-deber fundado sobre la verdad de la vocación aceptada. El hecho de tener que continuar siempre a ofrecer y recibir una correspondiente formación integral es una obligación para los obispos y para los diáconos, que no se puede dejar pasar.

Las características de obligatoriedad, globalidad, interdisciplinariedad, profundidad, rigor científico y

---

[194] JUAN PABLO II, Exhort. Ap. Post-sinodal *Pastores dabo vobis,* 42.
[195] JUAN PABLO II, *Catequesis* en la Audiencia general 20 de octubre de 1993), n. 4: *Enseñanzas,* XVI, 2 (1993), p. 1056.

de preparación a la vida apostólica de esa formación permanente, están constantemente presentes en la normativa eclesiástica,[196] y resultan todavía más necesarias si la formación inicial no se hubiera conseguido según el modelo ordinario.

Esta formación asume el carácter de la «fidelidad» a Cristo y a la Iglesia y de la «conversión continua», fruto de la gracia sacramental vivida dentro de la dinámica de la caridad pastoral propia de cada uno de los grados del ministerio ordenado. Ella se configura como elección fundamental, que exige ser reafirmada y reexpresada a lo largo de los años del diaconado permanente mediante una larga serie de respuestas coherentes, radicadas en y vivificadas por el «sí» inicial.[197]

Motivaciones

Conexión con el ministerio

64. Inspirándose en la oración usada en el rito de ordenación, la formación permanente se funda en la necesidad para el diácono de un amor por Jesucristo que le empuja a su imitación («sean imagen de tu Hijo»); tiende a confirmarlo en la fidelidad indiscutible a la vocación personal al ministerio («cumplan fielmente la obra del ministerio»); propone el seguimiento de Cristo Siervo con radicalidad y franqueza («el ejemplo de su vida sea un reclamo constante al Evangelio... sean sinceros... atentos... vigilantes...»).

La formación permanente encuentra, por lo tanto, «su fundamento propio y su motivación original en el

---

[196] Cf. PABLO VI, Carta ap. *Sacrum Diaconatus Ordinem*, II, 8-10; III, 14-15: *l.c.*, 699-701; Carta ap. *Ad pascendum*, VII: *l.c.*, 540; C.I.C., can. 236, can. 1027, can. 1032, § 3.

[197] Cf. JUAN PABLO II, Exhort. ap. post-sinodal *Pastores dabo vobis*, 70: *l.c.*, 778.

mismo dinamismo del orden recibido»,[198] y se alimenta primordialmente de la Eucaristía, compendio del misterio cristiano, fuente inagotable de toda energía espiritual. También al diácono se le puede, aplicar, de alguna manera, la exhortación del apóstol Pablo a Timoteo: «Te recomiendo que reavives el carisma de Dios que está en ti» (*2 Tim* 1,6; cf. *1 Tim* 4, 14-16).

Las exigencias teológicas de su llamada a una singular misión de servicio eclesial piden del diácono un amor creciente por la Iglesia y para sus hermanos, manifestado en un fiel cumplimiento de las propias funciones. Escogido por Dios para ser santo, sirviendo ministerialmente a la Iglesia y a todos los hombres, el diácono debe crecer en la conciencia de la propia ministerialidad en una manera continua, equilibrada, responsable solícita y siempre gozosa.

Sujetos

65. Considerada desde la perspectiva del diácono, primer responsable y protagonista, la formación permanente representa, antes que nada, un perenne proceso de conversión. Esta transformación atañe al ser mismo del diácono como tal —esto es: toda su persona consagrada y puesta al servicio de la Iglesia— y desarrolla en él todas sus potencialidades, con el fin de hacerle vivir en plenitud los dones ministeriales recibidos, en cada período y condición de vida y en las diversas responsabilidades ministeriales conferidas por el obispo.[199]

Diáconos

La solicitud de la Iglesia por la formación permanente de los diáconos sería ineficaz sin el esfuerzo de cada uno de ellos. Tal formación no puede reducirse a la sola participación a cursos, a jornadas de estudio,

---

[198] JUAN PABLO II, Exhort. ap. post-sinodal *Pastores dabo vobis*, 70: *l.c.*, 779.

[199] Cf. JUAN PABLO II, Exhort. ap. post-sinodal *Pastores dabo vobis*, 76; 79: *l.c.*, 793; 796.

etc., sino que pide a cada diácono, sabedor de esta necesidad, que las cultive con gran interés y con un cierto espíritu de iniciativa. El diácono tenga interés por la lectura de libros escogidos con criterios eclesiales, se informe mediante alguna publicación de probada fidelidad al Magisterio, y no deje la meditación cuotidiana. Formarse siempre más y mejor es una parte importante del servicio que se le pide.

Formadores 66. Considerada desde la perspectiva del obispo [200] y de los presbíteros, cooperadores del orden episcopal que llevan la responsabilidad y el peso de su cumplimiento, la formación permanente consiste en ayudar a los diáconos a superar cualquier dualismo o ruptura entre espiritualidad y ministerialidad, como también y primeramente, a superar cualquier fractura entre la propia eventual profesión civil y la espiritualidad diaconal, «a dar una respuesta generosa al compromiso requerido por la dignidad y responsabilidad que Dios les ha confiado por medio del sacramento del Orden; en cuidar, defender y desarrollar su específica identidad y vocación; en santificarse a sí mismo y a los demás mediante el ejercicio del ministerio».[201] Ambas perspectivas son complementarias y se necesitan mutuamente en cuanto fundamentadas, con la ayuda de los dones sobrenaturales, en la unidad interior de la persona.

La ayuda, que los formadores deberán ofrecer, será tanto más eficaz cuanto más corresponda a las necesidades personales de cada diácono, porque cada uno vive el propio ministerio en la Iglesia como persona irrepetible y en las propias circunstancias.

Tal acompañamiento personalizado hará que el diácono sienta el amor, con el que la Madre Iglesia

---

[200] Cf. Conc. Ecum. Vaticano II, Decr. *Christus Dominus* 15; Juan Pablo II, Exhort. ap. post-sinodal *Pastores dabo vobis*, 79: *l.c.*, 797.

[201] Congregación para el Clero, *Directorio para el ministerio y la vida de los presbíteros* (31 de enero de 1994), n. 71: ed cit., p. 73.

está junto a su esfuerzo por vivir la gracia del sacramento en la fidelidad. Por eso, es de capital importancia que los diáconos puedan elegir un director espiritual, aprobado por el obispo, con el que puedan tener regulares y frecuentes diálogos. Por otra parte, toda la comunidad diocesana se encuentra, de alguna manera, comprometida en la formación de los diáconos [202] y, en particular, el párroco u otro sacerdote designado para ello, que debe prestar su ayuda personal con solicitud fraterna.

Especificidad

67. El cuidado y el trabajo personal en la formación permanente son signos inequívocables de una respuesta coherente a la vocación divina, de un amor sincero a la Iglesia y de una auténtica preocupación pastoral por los fieles cristianos y por todos los hombres. Se puede extender a los diáconos cuanto ha sido afirmado de los presbíteros: «La formación permanente es necesaria ... para lograr el fin de su vocación: el servicio a Dios y a su pueblo».[203]

Formación permanente para el ministerio

La formación permanente es verdaderamente una exigencia, que se pone después de la formación inicial, con la que se condivide las razones de finalidad y significado y, en confronto con la cual, cumple una función de integración, de custodia y de profundización.

La esencial disponibilidad del diácono delante de los otros, constituye una expresión práctica de la configuración sacramental a Cristo Siervo, recibida por el sagrado Orden e imprimida en el alma por el carácter: es una meta y una llamada permanente para el

---

[202] Cf. JUAN PABLO II, Exhort. ap. post-sinodal *Pastores dabo vobis*, 78: *l.c.*, 795.
[203] CONGREGACIÓN PARA EL CLERO, Directorio para el ministerio y la vida de los presbíteros *Tota Ecclesia*, 71: *ed. cit.*, p. 72.

ministerio y la vida de los diáconos. En tal perspectiva, la formación permanente no se puede reducir a un simple quehacer cultural o práctico para un mayor y mejor *saber hacer*. La formación permanente no debe aspirar solamente a garantizar la actualización, sino que debe tender a facilitar una progresiva conformación práctica de la entera existencia del diácono con Cristo, que ama a todos y a todos sirve.

Ambitos

Formación completa

68. La formación permanente debe unir y armonizar todas las dimensiones de la vida y del ministerio del diácono. Por lo tanto, como la de los presbíteros, debe ser completa, sistemática y personalizada en sus diversas dimensiones: humana, espiritual, intelectual y pastoral.[204]

Formación humana

69. Cuidar los diversos aspectos de la formación humana de los diáconos, tanto en épocas pasadas como ahora, es trabajo fundamental de los Pastores. El diácono, consciente que ha sido elegido como hombre en medio de los hombres para dedicarse al servicio de la salvación de todos los hombres, debe estar dispuesto a dejarse ayudar en la mejora de sus cualidades humanas —preciosos instrumentos para su servicio eclesial— y a perfeccionar todos aquellos modos de su personalidad, que puedan hacer que su ministerio sea más eficaz.

Por ello, para realizar eficazmente su vocación a la santidad y su peculiar misión eclesial, —con los ojos fijos en Aquel que es perfecto Dios y perfecto hombre— debe tener en cuenta la práctica de las vir-

---

[204] Cf. JUAN PABLO II, Exhort. ap. post-sinodal *Pastores dabo vobis*, 71: *l.c.*, 783; CONGREGACIÓN PARA EL CLERO, Directorio para el ministerio y la vida de los presbíteros *Tota Ecclesia*, n. 74. ed. cit., p. 75.

tudes naturales y sobrenaturales, que lo harán más semejante a la imagen de Cristo y más digno de afecto por parte de sus hermanos.[205] En particular debe practicar, en su ministerio y en su vida diaria, la bondad de corazón, la paciencia, la amabilidad, la fortaleza de ánimo, el amor por la justicia, el equilibrio, la fidelidad a la palabra dada, la coherencia con las obligaciones libremente asumidas, el espíritu de servicio, etc... La práctica de estas virtudes ayudará a los diáconos a llegar a ser hombres de personalidad equilibrada, maduros en el hacer y en el discernir hechos y circunstancias.

También es importante que el diácono, consciente de la dimensión de ejemplaridad de su comportamiento social, reflexione sobre la importancia de la capacidad de diálogo, sobre la corrección en las distintas formas de relaciones humanas, sobre las aptitudes para el discernimiento de la culturas, sobre el valor de la amistad, sobre el señorío en el trato.[206]

70. La formación espiritual permanente se encuentra en estrecha conexión con la espiritualidad diaconal, que debe alimentar y hacer progresar, y con el ministerio, sostenido «por un verdadero encuentro personal con Jesús, por un coloquio confiado con el Padre, por una profunda experiencia del Espíritu».[207] Los Pastores deben empujar y sostener en los diáconos el cultivo responsable de la propia vida espiritual, de la

Formación espiritual

---

[205] Cf. S. Ignacio de Antioquía: «Es necesario que los diáconos, que son diáconos de los misterios de Cristo Jesús, agraden a todos. No son, en efecto, diáconos de comida y bebida sino que sirven a la Iglesia de Dios» (*Epist. ad Trallianos*, 2, 3: F. X. Funk, *o.c.*, I. pp. 244-245).

[206] Cf. Juan Pablo II, Exhort. ap. post-sinodal *Pastores dabo vobis*, 72: *l.c.*, 783; Congregación para el Clero, Directorio para el ministerio y la vida de los presbíteros *Tota Ecclesia*, n. 75: *ed. cit.*, pp. 75-76.

[207] Juan Pablo II, Exhort. ap. post-sinodal *Pastores dabo vobis* 72: *l.c.*, 785.

cual mana con abundancia la caridad, que sostiene y fecunda su ministerio, evitando el peligro de caer en el activismo o en una mentalidad «burocrática» en el ejercicio del diaconado.

Particularmente la formación espiritual deberá desarrollar en los diáconos aspectos relacionados con la triple diaconía de la palabra, de la liturgia y de la caridad. La meditación asidua de la Sagrada Escritura realizará la familiaridad y el diálogo adorante con el Dios viviente, favoreciendo una asimilación a toda la Palabra revelada. El conocimiento profundo de la Tradición y de los libros litúrgicos ayudará al diácono a redescubrir continuamente las riquezas inagotables de los divinos misterios a fin de ser digno ministro. La solicitud fraterna en la caridad moverá al diácono a llegar a ser animador y coordinador de las iniciativas de misericordia espirituales y corporales, como signo viviente de la caridad de la Iglesia.

Todo esto requiere una programación cuidadosa y realista de medios y de tiempo, evitando siempre las improvisaciones. Además de estimular la dirección espiritual, se deben prever cursos y sesiones especiales de estudio sobre cuestiones de temas, que pertenecen a la grande tradición teológica espiritual cristiana, períodos particularmente intensos de espiritualidad, visitas a lugares espiritualmente significativos.

Con ocasión de los ejercicios espirituales, en los cuales debería participar por lo menos cada dos años,[208] el diácono no olvidará trazar un proyecto concreto de vida, para examinarlo periódicamente con el propio director espiritual. En este proyecto no podrá faltar el tiempo dedicado cada día a la fervorosa devoción eucarística, a la filial piedad mariana y a las

---

[208] Cf. PABLO VI, Carta ap. *Sacrum Diaconatus Ordinem*, VI, 28: *l.c.*, 703; *C.I.C.*, can. 276 § 4.

prácticas de ascética habituales, además de la oración litúrgica y la meditación personal. El centro unificador de este itinerario espiritual es la Eucaristía. Esta constituye el criterio orientativo, la dimensión permanente de toda la vida y la acción diaconal, el medio indispensable para una perseverancia consciente, para un auténtica renovación, y para alcanzar así una síntesis equilibrada de la propia vida. En tal óptica, la formación espiritual del diácono descubre la Eucaristía como Pascua en su anual celebración (Semana Santa), semanal (de Domingo) y diaria (la Misa de cada día).

71. La inserción de los diáconos en el misterio de la Iglesia, en virtud de su bautismo y del primer grado del sacramento del Orden, hace necesario que la formación permanente refuerce en ellos la conciencia y la voluntad de vivir en comunión motivada, real y madura con los presbíteros y con su propio obispo, especialmente con el Sumo Pontífice, que es el fundamento visible de la unidad de toda la Iglesia.

Formación a la comunión eclesial

Formados de esta manera, los diáconos en su ministerio serán animadores de comunión. En particular en aquellos casos en los que existen tensiones, allí propondrán la pacificación por el bien de la Iglesia.

72. Se deben organizar oportunas iniciativas (jornadas de estudio, cursos de actualización, asistencia a cursos o seminarios en instituciones académicas) para profundizar la doctrina de la fe. Particularmente útil en este campo, fomentar el estudio atento, profundo y sistemático del *Catecismo de la Iglesia Católica*.

Formación intelectual

Es indispensable verificar el correcto conocimiento del sacramento del Orden, de la Eucaristía y de los sacramentos comúnmente confiados a los diáconos, como el bautismo y el matrimonio. Se necesita también profundizar en los ámbitos y las temáticas filosóficas, eclesiológicas, de la teología dogmática, de la Sagrada Escritura y del derecho canónico, útiles para el cumplimiento de su ministerio.

Además de favorecer una sana actualización, estos encuentros deberían llevar a la oración, a una mayor comunión y a una acción pastoral cada vez más incisiva como respuesta a la urgente necesidad de la nueva evangelización.

También se deben profundizar, de modo comunitario y con un guía autorizado, los documentos del Magisterio, especialmente los que explican la posición de la Iglesia en relación con los problemas doctrinales o morales más frecuentes de cara al ministerio pastoral. De este modo se manifestará y demostrará eficazmente la obediencia al Pastor universal de la Iglesia y a los pastores diocesanos, reforzando así la fidelidad a la doctrina y a la disciplina de la Iglesia en un sólido vínculo de comunión.

Además, resulta de gran interés y utilidad estudiar, profundizar y difundir la doctrina social de la Iglesia. De hecho, la inserción de buena parte de los diáconos en las profesiones, en el trabajo y en la familia, permitirá llevar a cabo manifestaciones eficaces para el conocimiento y la actuación de la enseñanza social cristiana.

A quienes posean la debida capacidad, el obispo puede encaminarlos a la especialización en una disciplina teológica, consiguiendo, si es posible, los títulos universitarios en los centros académicos pontificios o reconocidos por la Sede Apostólica, que aseguren una formación doctrinalmente correcta.

Finalmente, tengan siempre presente el estudio sistemático, no solamente a fin de perfeccionar su conocimiento, sino también para dar nueva vitalidad a su ministerio, haciendo que responda cada vez más a las necesidades de la comunidad eclesial.

Formación pastoral   73. Junto a la debida profundización en las ciencias sagradas, se debe cuidar una adecuada adquisición de las metodologías pastorales [209] para lograr un ministerio eficaz.

La formación pastoral permanente consiste, en primer lugar, en promover continuamente la dedicación del diácono por perfeccionar la eficacia del propio ministerio de dar a la Iglesia y a la sociedad el amor y el servicio de Cristo a todos los hombres sin distinción, especialmente a los más débiles y necesitados. De hecho, el diácono recibe la fuerza y modelo de su actuar en la caridad pastoral de Jesús. Esta misma caridad empuja y estimula al diácono, colaborando con el obispo y los presbíteros a promover la misión propia de los fieles laicos en el mundo. Él está estimulado «a conocer cada vez mejor la situación real de los hombres a quienes ha sido enviado; a discernir la voz del Espíritu en las circunstancias históricas en las que se encuentra; a buscar los métodos más adecuados y las formas más útiles para ejercer hoy su ministerio» [210] en leal y convencida comunión con el Sumo Pontífice y con el propio obispo.

Entre estas formas, el apostolado moderno requiere también el trabajo en equipo que, para ser fructuoso, exige saber respetar y defender, en sintonía con la naturaleza orgánica de la comunión eclesial, la diversidad y complementariedad de los dones y de las funciones respectivas de los presbíteros, de los diáconos y de todos los otros fieles.

Organización y medios

74. La diversidad de situaciones, presentes en las iglesias particulares, dificulta la definición de un cua-

---

[209] Cf. *C.I.C.*, can. 279.
[210] JUAN PABLO II, Exhort. ap. post-sinodal *Pastores dabo vobis*, 72: *l.c.*, 783.

dro completo sobre la organización y sobre los medios idóneos para una congrua formación permanente de los diáconos. En necesario escoger los instrumentos para la formación en un contexto de claridad teológica y pastoral. Parece más oportuno, por lo tanto, ofrecer solamente algunas indicaciones de carácter general, fácilmente traducibles a las diversas situaciones concretas.

Ministerio 75. El primer lugar de formación permanente de los diáconos es el mismo ministerio. A través de su ejercicio, el diácono madura, centrándose cada vez más en su propia vocación personal a la santidad en el cumplimiento de los propios deberes eclesiales y sociales, en particular las funciones y responsabilidades ministeriales. La conciencia de ministerialidad constituye el tema preferencial de la específica formación, que viene dada.

Camino unitario en etapas 76. El itinerario de formación permanente debe desarrollarse sobre la base de un preciso y cuidadoso proyecto establecido y verificado por la autoridad competente, con el distintivo de la unidad, estructurada en etapas progresivas, en plena sintonía con el Magisterio de la Iglesia. Es oportuno establecer un mínimo indispensable para todos, sin confundirlo con los itinerarios de profundización. Este proyecto debe tomar dos niveles formativos íntimamente unidos: el diocesano que tiene como punto de referencia el obispo o a su delegado, y aquel de la comunidad en donde el diácono ejerce el ministerio, que tiene su punto de referencia en el párroco u otro sacerdote.

Experiencia pastoral 77. El primer nombramiento de un diácono para una comunidad o un ámbito pastoral represente un momento delicado. Su presentación a los responsables de la comunidad (párrocos, sacerdotes, etc.) y de ésta hacia el mismo diácono, además de favorecer el cono-

138

cimiento recíproco, contribuirá a lograr rápidamente la colaboración sobre la base de la estima y del diálogo respetuoso en un espíritu de fe y de caridad. Puede resultar fructuosamente formativa la propia comunidad cristiana, cuando el diácono se configura en ella con el ánimo de quien sabe respetar las sanas tradiciones, sabe escuchar, discernir, servir y amar a la manera del Señor Jesús.

Un sacerdote ejemplar y responsable, encargado por el obispo, seguirá con particular atención la experiencia pastoral inicial.

78. Se deben facilitar a los diáconos encuentros periódicos de contenido litúrgico, de espiritualidad, de actualización, de evaluación y de estudio a nivel diocesano o supradiocesano.

Encuentros periódicos

Será oportuno prever, bajo la autoridad del obispo y sin multiplicar las estructuras, reuniones periódicas entre sacerdotes, diáconos, religiosas, religiosos y laicos comprometidos en el ejercicio del cuidado pastoral, sea para superar el aislamiento de pequeños grupos, sea para garantizar la unidad de perspectivas y de acción ante los distintos modelos pastorales.

El obispo seguirá con solicitud a los diáconos, sus colaboradores, presidiendo los encuentros, según sus posibilidades y, si se encuentra impedido, procurará que alguien le represente.

79. Se debe elaborar, con la aprobación del obispo, un plan de formación permanente realista y realizable, según las disposiciones presentes, que tenga en cuenta la edad y las situaciones específicas de los diáconos, junto con las exigencias de su ministerio pastoral.

Grupo de formadores

Con esa finalidad, el obispo podrá constituir un grupo de formadores idóneos o, eventualmente, pedir colaboración a las diócesis vecinas.

Organismo diocesano

80. Sería de desear que el obispo instituya un *organismo de coordinación de diáconos*, para programar, coordinar y verificar el ministerio diaconal: desde el discernimiento vocacional,[211] a la formación y ejercicio del ministerio, comprendida también la formación permanente.

Integrarán tal organismo el mismo obispo, el cual lo presidirá, o un sacerdote delegado suyo, junto a un número proporcionado de diáconos. Dicho organismo no dejará de tener los debidos lazos de unión con los demás organismos diocesanos.

El obispo dictará normas propias que regularán todo lo que se refiere a la vida y al funcionamiento de ese organismo.

Diáconos casados

81. Para los diáconos casados se deber programar, además de las ya dichas, otras iniciativas y actividades de formación permanente, en las que, según la oportunidad, participarán, de alguna manera, su mujer y toda la familia, teniendo siempre presente la esencial distinción de funciones y la clara independencia del ministerio.

Otras iniciativas

82. Los diáconos deben valorar todas aquellas iniciativas que las Conferencias Episcopales o las diócesis promuevan habitualmente para la formación permanente del clero: retiros espirituales, conferencias, jornadas de estudio, convenios, cursos interdisciplinares de carácter teológico-pastoral.

---

[211] Cf. *C.I.C.*, can. 1029.

También procurarán no faltar a las iniciativas que más señaladamente pertenecen a su ministerio de evangelización, de liturgia y de caridad.

El Sumo Pontífice, Juan Pablo II, ha aprobado el presente Directorio ordenando su promulgación.

Roma, desde el Palacio de las Congregaciones, 22 de febrero, fiesta de la Cátedra de San Pedro, del 1998.

DARÍO Card. CASTRILLÓN HOYOS
Prefecto

✠ CSABA TERNYÁK
Arzobispo titular de Eminenziana
Secretario

ORACIÓN
A LA SANTÍSIMA VIRGEN MARÍA

MARÍA,

Maestra de fe, que con tu obediencia a la Palabra de Dios, has colaborado de modo eximio en la obra de la Redención, haz fructuoso el ministerio de los diáconos, enseñándoles a escuchar y anunciar con fe la Palabra.

MARÍA,

Maestra de caridad, que con tu plena disponibilidad al llamado de Dios, has cooperado al nacimiento de los fieles en la Iglesia, haz fecundo el ministerio y la vida de los diáconos, enseñándoles a donarse en el servicio del Pueblo de Dios.

MARÍA,

Maestra de oración, que con tu materna intercesión, has sostenido y ayudado a la Iglesia naciente, haz que los diáconos estén siempre atentos a las necesidades de los fieles, enseñándoles a descubrir el valor de la oración.

MARÍA,

Maestra de humildad, que por tu profunda conciencia de ser la Sierva del Señor has sido llena del Espíritu Santo, haz que los diáconos sean dóciles instrumentos de la redención de Cristo, enseñándoles la grandeza de hacerse pequeños.

MARÍA,

Maestra del servicio oculto, que con tu vida normal y ordinaria llena de amor, has sabido secundar en manera ejemplar el plan salvífico de Dios, haz que los diáconos sean siervos buenos y fieles, enseñándoles la alegría de servir en la Iglesia con ardiente amor.

Amén.